国学经典选读

江悟心　主编

图书在版编目（CIP）数据

国学经典选读 / 江悟心主编. -- 长春：吉林文史
出版社, 2024. 6. -- ISBN 978-7-5752-0338-8

Ⅰ. Z126-49

中国国家版本馆 CIP 数据核字第 2024PJ7188 号

GUOXUE JINGDIAN XUANDU
国 学 经 典 选 读

主　　编	江悟心
责任编辑	高冰若
出版发行	吉林文史出版社
地　　址	长春市福祉大路 5788 号
邮　　编	130117
印　　刷	潍坊新天地印务有限公司
开　　本	787mm×1092mm　　1/16
印　　张	11.5
字　　数	105 千字
版　　次	2024 年 6 月第 1 版
印　　次	2024 年 6 月第 1 次印刷
书　　号	ISBN 978-7-5752-0338-8
定　　价	68.00 元

前　言

《礼记·学记》云：建国君民，教学为先。

中华民族是天地之间懂教育的民族；
古圣先贤是自古至今懂教育的先哲；
优秀的传统文化经典正是古圣先贤智慧的结晶，
让我们一起捧起经典，向天下颇懂教育的人学教育。

经典可以让我们解读宇宙实相，洞见世界之真；
经典可以让我们品味生存喜乐，涵养言行之善；
经典可以让我们了达生活真谛，感悟心灵之美；
经典可以让我们静观生命所在，生发人生之慧。

洞见真，我们不再盲目追逐；
涵养善，我们再不茫然庸碌；
感悟美，我们远离乏味麻木；
生发慧，我们拥抱喜乐幸福。

当你远离圣贤，就会背离真心，眼里只是你的世界；当你走入经典，就会放下妄念，世界就在你的眼里！

《朱子治家格言》有云：子孙虽愚，经书不可不读。

诵读国学经典，
开启福慧人生，

学习传统文化，
助推民族复兴！

一、什么是传统文化？

传统文化一词由传、统、文、化四个汉字组成：

传，传承也。表明来源可靠。就是中华民族的古圣先贤、历代祖先父传子、子传孙，一代一代传下来的，天下没有一个父母不爱自己的孩子，天下最值得信任的人也是父母。所以，来源十分可靠，最值得信赖。

统，统一也。表明内容正确，就是经过了数千年历史的实践检验，历代圣贤伟人统一了意见，认定为绝对正确的，所以毋庸置疑，相信就是了。

文，文言也。表明传承方式，文以载道，文言文就是为了给我们这些子孙传道的，避免因语言变迁和方言不同，可能造成的词不达意，误导子孙。文言文又是中华民族伟大的发明之一，它高度凝练、文字优美，来源于白话又不同于白话。其特点是"书读百遍，其义自见。"所以，无论我们遗忘它多少年，只要有人拿起来多读多看多悟，就会明了其中的内涵。

化，化育也。表明作用。说明其目的和作用是用来教化我们回归本来，好好做人，是道则进，非道则退，断恶向善，趋吉避凶，获得人生真正的幸福和快乐的。

因此，传统文化就是中华民族历代祖先代代传承给我们的，经过了数千年的检验大家统一了意见，绝对正确的、用文言文经典的形式记载下来的、用来教化我们的人性，让我们趋吉避凶，获得人生的幸福与快乐的人生宇宙的真理。它最直接的表现形式就是以"儒释道"为核心的文言文的经典。

二、为何要读圣贤的经典？

（一）什么是圣贤？什么是经典？

圣者，通也。圣贤就是通达了人生和宇宙真相的人。

经：经历也。记载了圣贤的亲身经历，真实不虚；

经：经验也。经过千百年的检验，完全正确；

经：经常也。天经地义，恒常不变；

经：经纬也。全是经天纬地，修齐治平的大人之学；

经：神经也。是神明经久所住之载体；

经：正经也。做正确的事做正常的人必须要懂的学问，读经的人方能成为正直人。

所以老祖宗说，子孙虽愚，经书不可不读。又说，家家有本难念的经，就是家家户户都得读经，再难也得读经啊！

典：经过历史检验的伟大的典范之作，人类文明最精华的部分。

经典一如圣贤，圣贤正在经典！

（二）理性的思考

传统文化、圣贤经典，既然是我们的祖先父传子、子传孙、代代相传下来的，那么我们会把不对的、不好的东西留给我们的孩子吗？

当然不会！同样，我们的父母也会把最有价值的东西留给我们，我们的祖父母也会把最好的智慧留给我们的父辈……以此类推，我们数千年来代代相传下来的经典，就是我们的祖先一代一代传承下来的最优秀、最智慧、最有价值的财富。这些思想与智慧让我们中华民族几千年来生生不息，傲然屹立于世界民族之林！

当诵读经典的时候，我们就是在和圣贤对话。圣贤告诉我们，人类发展的规律是学问会越来越多、科技会越来越发达。古圣先贤慈悲，为我们后代考虑，特地在语言之外发明了文言，并以文言文的形式把人生和宇宙的真相记录下来代代相传留给我们。虽经过了数千年却从未断绝，祖先之德，祖先对我们后代的关爱可谓厚矣！

现在，我们要回头重新做真正的中华儿女，我们要实现中华文化的伟大复兴，就必须复兴我们的传统文化，而文化复兴最简单有效的办法就是重读经典。我们读了《道德经》《论语》，在需要的时候，老子、孔子就会为我们指点迷津。

（三）孩子读经典的好处

1. 智慧开启，德行涵养。经典中的智慧都是人生的大道，读经典的孩子受此感染，会在今后的生命中，不由自主地用圣贤的经典来要求自己，当然会温良敦厚、谦恭有礼。

2. 记忆能力提升。特殊方法能使儿童轻松快乐背诵经典，能开发出儿童轻松而强大的记忆能力，一些孩子在读经三年左右，甚至可以过目不忘，一生学习自然轻松。

3. 大量识字。越早认越好，对孩子一生学习意义重大。而读经典的孩子一年可以轻松认得1000—2000个汉字,三年左右的时间几乎可以认得3000—5000个汉字,基本具备文言文自读的能力。

4.专注能力提升。读经典的过程就是修定力的过程,读经典可以提高专注力。教学实践证明:读经典的教育方式对多动症的孩子有神奇的疗效。

5.提升阅读能力。读诵经典会培养孩子的阅读能力和对读书的兴趣,使阅读成为孩子一生最大的乐趣。家长再也不用为孩子不爱读书而烦恼了。

6.语言表达和语文程度。锻炼良好的口才,引经据典,出口成章,有条有理。常与经典为伍,应对白话文就像我们看小人书,轻松无比,亦可妙笔著文章。

7.气质高雅,有礼有节。腹有诗书气自华,读经典孩子的气质自然是与众不同,而对经典的力行会让孩子举手投足、待人接物、有礼有节,受人尊重,令人赞叹。

为什么孩子读经典如此神奇?因为孩子读《论语》一百遍,孔子跟他一辈子;读《道德经》一百遍,老子跟他一辈子;读《孟子》一百遍,孟子跟他一辈子。

三、读经典有妙法

上学时,碰到文言文"之乎者也",生涩难懂,令人望而生畏。

其实，诵读经典是有方法的，关键在一个"读"字上。

古语云："至乐莫过于读书"，难道是在欺骗我们吗？当然不是！只是现代人读文言文的方法不对，这就像是跪着爬山，方法错了，把一项好好的乐事，搞得痛苦不堪。读文言文经典的妙法很简单，就在一个"读"字上。读不是看。所谓"读书人""上学读书""书不借不可读""至乐莫过于读书""书读百遍，其义自见"，都是读不是看。没说至乐莫过于"看"书。只不过是近代的人把英文的"read"错误地翻译成了"读"，这确实是一种错误的解释。

那么，古代的读书人怎么"读书"呢？很简单，就是一句一句的读而已。比如，一本有拼音无注解的《道德经》，从第一句"道可道非常道"开始，一直读至最后一句"圣人之道为而不争"，读五遍写一个"正"字，直至百遍千遍。看似枯燥，实则简单快乐，熟能生巧，百遍千遍，其义自见，妙不可言。那种感觉，如人饮水，冷暖自知。

再比如读《论语》，还可以有另外三种方法。

第一种，从第一章到第二十章一气读完，时间一到读到哪里就停在哪里，做好标记下一次接着读。每读五遍画一个"正"字，做好记录，直到一百遍、二百遍、三百遍。

第二种，每一章单独读，画正字记录遍数，直到一百遍再进行下一章，等把二十章全读了一百遍以后，再通读二百遍、三百遍。

第三种，把《论语》前十章分为上篇，把后十章分为下篇，先把上篇读一百遍，再把下篇读一百遍，写正字记遍数。等上篇下篇都读完一百遍以后，再通读二百遍、三百遍。假如，教小孩子读经典，关键要注意三点。

1.要从蒙学的经典读起。

2.大人领读一句，孩子跟读一句。大人只管读就好，孩子不读，不用管。假以时日，孩子自然跟上来。

3.千万不能注重功力。带孩子读经典主要是培养他对经典的亲近感，不是让孩子背过多少经典。孩子如果能读半小时，只需让他读一刻钟，千千万万不可逼迫，否则很容易变得厌学。孔子说："知之者不如好之者，好之者不如乐之者。"因此，乐学的人，才是第一等的人才。

四、熟读成诵与死记硬背

上学时，常听老师说"读书不能死记硬背"，必须搞明白是什么意思，什么道理，这叫作"活学活用"。其实，这是不对的！真正读经典是只管一遍一遍地读，不求甚解，很轻松的就能够熟读成诵。

要知道：熟读成诵才是诵读经典正确的方法，不求理解，只管一遍一遍地读，直到百遍，乃至千百遍，最后熟能生巧，能够背诵，不用看书，张口就来，滚瓜烂熟。熟读成诵是以读为目的，不以背为目的，背诵是读的自然结果。这样，孩子没有压力，没有功利心。熟读成诵可以开发右脑，也不损伤左脑。而所谓的死记硬背是为了背过，有明确的目的，为了尽快背过，要先了解文章的意思，再通过逻辑思索连贯，想一句背一句，绞尽脑汁，以求尽快完成，功利心强，没有了读书的快乐和轻松，甚至苦不堪言。这是死记硬背的读书方法，既损伤左脑，也不开发右脑，还极易造成厌学。

因此，我们读经典，不必着急理解意思，先读上百遍千遍，熟读成诵后自能熟能生巧。

悟心

壬寅春月于泉城普明书院

目 录

dì zǐ guī
弟子规

zǒng xù
总 序

dì zǐ guī	shèng rén xùn	shǒu xiào tì	cì jǐn xìn
弟子规	圣人训	首孝悌	次谨信

fàn ài zhòng	ér qīn rén	yǒu yú lì	zé xué wén
泛爱众	而亲仁	有余力	则学文

rù zé xiào
入 则 孝

fù mǔ hū	yìng wù huǎn	fù mǔ mìng	xíng wù lǎn
父母呼	应勿缓	父母命	行勿懒

fù mǔ jiào	xū jìng tīng	fù mǔ zé	xū shùn chéng
父母教	须敬听	父母责	须顺承

dōng zé wēn	xià zé qìng	chén zé shěng	hūn zé dìng
冬则温	夏则清	晨则省	昏则定

chū bì gù	fǎn bì miàn	jū yǒu cháng	yè wú biàn
出必告	反必面	居有常	业无变

shì suī xiǎo	wù shàn wéi	gǒu shàn wéi	zǐ dào kuī
事虽小	勿擅为	苟擅为	子道亏

wù suī xiǎo	wù sī cáng	gǒu sī cáng	qīn xīn shāng
物虽小	勿私藏	苟私藏	亲心伤

qīn suǒ hào	lì wèi jù	qīn suǒ wù	jǐn wéi qù
亲所好	力为具	亲所恶	谨为去

shēn yǒu shāng	yí qīn yōu	dé yǒu shāng	yí qīn xiū
身有伤	贻亲忧	德有伤	贻亲羞

qīn ài wǒ	xiào hé nán	qīn wù wǒ	xiào fāng xián
亲爱我	孝何难	亲恶我	孝方贤

qīn yǒu guò	jiàn shǐ gèng	yí wú sè	róu wú shēng
亲有过	谏使更	怡吾色	柔吾声

谏不入　悦复谏　号泣随　挞无怨

亲有疾　药先尝　昼夜侍　不离床

丧三年　常悲咽　居处变　酒肉绝

丧尽礼　祭尽诚　事死者　如事生

出则悌

兄道友　弟道恭　兄弟睦　孝在中

财物轻　怨何生　言语忍　忿自泯

或饮食　或坐走　长者先　幼者后

长呼人　即代叫　人不在　己即到

称尊长　勿乎名　对尊长　勿见能

路遇长　疾趋揖　长无言　退恭立

骑下马　乘下车　过犹待　百步余

长者立　幼勿坐　长者坐　命乃坐

尊长前　声要低　低不闻　却非宜

进必趋　退必迟　问起对　视勿移

事诸父　如事父　事诸兄　如事兄

jǐn
谨

朝起早　　夜眠迟　　老易至　　惜此时

晨必盥　　兼漱口　　便溺回　　辄净手

冠必正　　纽必结　　袜与履　　俱紧切

置冠服　　有定位　　勿乱顿　　致污秽

衣贵洁　　不贵华　　上循分　　下称家

对饮食　　勿拣择　　食适可　　勿过则

年方少　　勿饮酒　　饮酒醉　　最为丑

步从容　　立端正　　揖深圆　　拜恭敬

勿践阈　　勿跛倚　　勿箕踞　　勿摇髀

缓揭帘　　勿有声　　宽转弯　　勿触棱

执虚器　　如执盈　　入虚室　　如有人

事勿忙　　忙多错　　勿畏难　　勿轻略

斗闹场　　绝勿近　　邪僻事　　绝勿问

将入门　　问孰存　　将上堂　　声必扬

人问谁　　对以名　　吾与我　　不分明

3

用人物　须明求　倘不问　即为偷

借人物　及时还　人借物　有勿悭

信

凡出言　信为先　诈与妄　奚可焉

话说多　不如少　惟其是　勿佞巧

刻薄语　秽污词　市井气　切戒之

见未真　勿轻言　知未的　勿轻传

事非宜　勿轻诺　苟轻诺　进退错

凡道字　重且舒　勿急疾　勿模糊

彼说长　此说短　不关己　莫闲管

见人善　即思齐　纵去远　以渐跻

见人恶　即内省　有则改　无加警

惟德学　惟才艺　不如人　当自励

若衣服　若饮食　不如人　勿生戚

闻过怒　闻誉乐　损友来　益友却

闻誉恐　闻过欣　直谅士　渐相亲

4

无心非　名为错　有心非　名为恶

过能改　归于无　倘掩饰　增一辜

泛爱众

凡是人　皆须爱　天同覆　地同载

行高者　名自高　人所重　非貌高

才大者　望自大　人所服　非言大

己有能　勿自私　人所能　勿轻訾

勿谄富　勿骄贫　勿厌故　勿喜新

人不闲　勿事搅　人不安　勿话扰

人有短　切莫揭　人有私　切莫说

道人善　即是善　人知之　愈思勉

扬人恶　即是恶　疾之甚　祸且作

善相劝　德皆建　过不规　道两亏

凡取与　贵分晓　与宜多　取宜少

将加人　先问己　己不欲　即速已

恩欲报　怨欲忘　报怨短　报恩长

5

待婢仆　身贵端　虽贵端　慈而宽

dài bì pú　shēn guì duān　suī guì duān　cí ér kuān

势服人　心不然　理服人　方无言

shì fú rén　xīn bù rán　lǐ fú rén　fāng wú yán

亲仁

qīn rén

同是人　类不齐　流俗众　仁者稀

tóng shì rén　lèi bù qí　liú sú zhòng　rén zhě xī

果仁者　人多畏　言不讳　色不媚

guǒ rén zhě　rén duō wèi　yán bù huì　sè bù mèi

能亲仁　无限好　德日进　过日少

néng qīn rén　wú xiàn hǎo　dé rì jìn　guò rì shǎo

不亲仁　无限害　小人进　百事坏

bù qīn rén　wú xiàn hài　xiǎo rén jìn　bǎi shì huài

余力学文

yú lì xué wén

不力行　但学文　长浮华　成何人

bù lì xíng　dàn xué wén　zhǎng fú huá　chéng hé rén

但力行　不学文　任己见　昧理真

dàn lì xíng　bù xué wén　rèn jǐ jiàn　mèi lǐ zhēn

读书法　有三到　心眼口　信皆要

dú shū fǎ　yǒu sān dào　xīn yǎn kǒu　xìn jiē yào

方读此　勿慕彼　此未终　彼勿起

fāng dú cǐ　wù mù bǐ　cǐ wèi zhōng　bǐ wù qǐ

宽为限　紧用功　工夫到　滞塞通

kuān wéi xiàn　jǐn yòng gōng　gōng fū dào　zhì sè tōng

心有疑　随札记　就人问　求确义

xīn yǒu yí　suí zhá jì　jiù rén wèn　qiú què yì

房室清　墙壁净　几案洁　笔砚正

fáng shì qīng　qiáng bì jìng　jǐ àn jié　bǐ yàn zhèng

墨磨偏　心不端　字不敬　心先病

mò mó piān　xīn bù duān　zì bù jìng　xīn xiān bìng

列典籍　有定处　读看毕　还原处

虽有急　卷束齐　有缺损　就补之

非圣书　屏勿视　弊聪明　坏心志

勿自暴　勿自弃　圣与贤　可驯致

三字经

人之初　性本善　性相近　习相远

苟不教　性乃迁　教之道　贵以专

昔孟母　择邻处　子不学　断机杼

窦燕山　有义方　教五子　名俱扬

养不教　父之过　教不严　师之惰

子不学　非所宜　幼不学　老何为

玉不琢　不成器　人不学　不知义

为人子　方少时　亲师友　习礼仪

香九龄　能温席　孝于亲　所当执

融四岁　能让梨　弟于长　宜先知

首孝弟　次见闻　知某数　识某文

一而十　十而百　百而千　千而万

三才者　天地人　三光者　日月星

三纲者　君臣义　父子亲　夫妇顺

曰春夏 曰秋冬 此四时 运不穷
曰南北 曰西东 此四方 应乎中
曰水火 木金土 此五行 本乎数
曰仁义 礼智信 此五常 不容紊
稻粱菽 麦黍稷 此六谷 人所食
马牛羊 鸡犬豕 此六畜 人所饲
曰喜怒 曰哀惧 爱恶欲 七情具
匏土革 木石金 丝与竹 乃八音
高曾祖 父而身 身而子 子而孙
自子孙 至玄曾 乃九族 人之伦
父子恩 夫妇从 兄则友 弟则恭
长幼序 友与朋 君则敬 臣则忠
此十义 人所同

凡训蒙 须讲究 详训诂 明句读
为学者 必有初 小学终 至四书
《论语》者 二十篇 群弟子 记善言

《孟子》者　七篇止　讲道德　说仁义
作《中庸》　子思笔　中不偏　庸不易
作《大学》　乃曾子　自修齐　至平治
《孝经》通　四书熟　如六经　始可读
《诗》《书》《易》　《礼》《春秋》　号六经　当讲求
有《连山》　有《归藏》　有《周易》　三易详
有典谟　有训诰　有誓命　《书》之奥
我周公　作《周礼》　著六官　存治体
大小戴　注《礼记》　述圣言　礼乐备
曰《国风》　曰《雅》《颂》　号四诗　当讽咏
《诗》既亡　《春秋》作　寓褒贬　别善恶
三传者　有《公羊》　有《左氏》　有《穀梁》
经既明　方读子　撮其要　记其事
五子者　有荀扬　文中子　及老庄
经子通　读诸史　考世系　知终始
自羲农　至黄帝　号三皇　居上世
唐有虞　号二帝　相揖逊　称盛世

10

xià yǒu yǔ	shāng yǒu tāng	zhōu wén wǔ	chēng sān wáng
夏有禹	商有汤	周文武	称三王
xià chuán zǐ	jiā tiān xià	sì bǎi zǎi	qiān xià shè
夏传子	家天下	四百载	迁夏社
tāng fá xià	guó hào shāng	liù bǎi zǎi	zhì zhòuwáng
汤伐夏	国号商	六百载	至纣亡
zhōu wǔ wáng	shǐ zhū zhòu	bā bǎi zǎi	zuì cháng jiǔ
周武王	始诛纣	八百载	最长久
zhōu chè dōng	wáng gāng zhuì	chěng gān gē	shàng yóu shuì
周辙东	王纲坠	逞干戈	尚游说
shǐ chūn qiū	zhōng zhàn guó	wǔ bà qiáng	qī xióng chū
始春秋	终战国	五霸强	七雄出
yíng qín shì	shǐ jiān bìng	chuán èr shì	chǔ hàn zhēng
赢秦氏	始兼并	传二世	楚汉争
gāo zǔ xīng	hàn yè jiàn	zhì xiào píng	wáng mǎng cuàn
高祖兴	汉业建	至孝平	王莽篡
guāng wǔ xīng	wéi dōng hàn	sì bǎi nián	zhōng yú xiàn
光武兴	为东汉	四百年	终于献
wèi shǔ wú	zhēng hàn dǐng	hào sān guó	qì liǎng jìn
魏蜀吴	争汉鼎	号三国	迄两晋
sòng qí jì	liáng chén chéng	wéi nán cháo	dū jīn líng
宋齐继	梁陈承	为南朝	都金陵
běi yuán wèi	fēn dōng xī	yǔ wén zhōu	yǔ gāo qí
北元魏	分东西	宇文周	与高齐
dài zhì suí	yì tǔ yǔ	bú zài chuán	shī tǒng xù
迨至隋	一土宇	不再传	失统绪
táng gāo zǔ	qǐ yì shī	chú suí luàn	chuàng guó jī
唐高祖	起义师	除隋乱	创国基
èr shí chuán	sān bǎi zǎi	liáng miè zhī	guó nǎi gǎi
二十传	三百载	梁灭之	国乃改
liáng táng jìn	jí hàn zhōu	chēng wǔ dài	jiē yǒu yóu
梁唐晋	及汉周	称五代	皆有由
yán sòng xīng	shòu zhōu shàn	shí bā chuán	nán běi hùn
炎宋兴	受周禅	十八传	南北混

liáo yǔ jīn 辽与金	dì hào fēn 帝号纷	dài miè liáo 迨灭辽	sòng yóu cún 宋犹存
zhì yuánxīng 至元兴	jīn xù xiē 金绪歇	yǒu sòng shì 有宋世	yì tóng miè 一同灭
bìngzhōng guó 并中国	jiānróng dí 兼戎狄	jiǔ shí nián 九十年	guó zuò fèi 国祚废
míng tài zǔ 明太祖	jiǔ qīn shī 久亲师	chuán jiàn wén 传建文	fāng sì sì 方四祀
qiān běi jīng 迁北京	yǒng lè sì 永乐嗣	dài chóng zhēn 迨崇祯	méi shān shì 煤山逝
qīng tài zǔ 清太祖	yīng jǐng mìng 膺景命	jìng sì fāng 靖四方	kè dà dìng 克大定
zhì shì zǔ 至世祖	nǎi dà tóng 乃大同	shí èr shì 十二世	qīng zuò zhōng 清祚终
dú shǐ zhě 读史者	kǎo shí lù 考实录	tōng gǔ jīn 通古今	ruò qīn mù 若亲目
kǒu ér sòng 口而诵	xīn ér wéi 心而惟	cháo yú sī 朝于斯	xī yú sī 夕于斯

xī zhòng ní 昔仲尼	shī xiàng tuó 师项橐	gǔ shèng xián 古圣贤	shàng qín xué 尚勤学
zhào zhōng lìng 赵中令	dú lǔ lún 读《鲁论》	bǐ jì shì 彼既仕	xué qiě qín 学且勤
pī pú biān 披蒲编	xiāo zhú jiǎn 削竹简	bǐ wú shū 彼无书	qiě zhī miǎn 且知勉
tóu xuán liáng 头悬梁	zhuī cì gǔ 锥刺股	bǐ bù jiào 彼不教	zì qín kǔ 自勤苦
rú náng yíng 如囊萤	rú yìng xuě 如映雪	jiā suī pín 家虽贫	xué bú chuò 学不辍
rù fù xīn 入负薪	rú guà jué 如挂角	shēn suī láo 身虽劳	yóu kǔ zhuó 犹苦卓
sū lǎo quán 苏老泉	èr shí qī 二十七	shǐ fā fèn 始发愤	dú shū jí 读书籍

彼既老　犹悔迟　尔小生　宜早思
若梁灏　八十二　对大廷　魁多士
彼既成　众称异　尔小生　宜立志
莹八岁　能咏诗　泌七岁　能赋棋
彼颖悟　人称奇　尔幼学　当效之
蔡文姬　能辨琴　谢道韫　能咏吟
彼女子　且聪敏　尔男子　当自警
唐刘晏　方七岁　举神童　作正字
彼虽幼　身已仕　尔幼学　勉而致
有为者　亦若是

犬守夜　鸡司晨　苟不学　曷为人
蚕吐丝　蜂酿蜜　人不学　不如物
幼而学　壮而行　上致君　下泽民
扬名声　显父母　光于前　裕于后
人遗子　金满籝　我教子　惟一经
勤有功　戏无益　戒之哉　宜勉力

13

bǎi jiā xìng
百家姓

赵钱孙李　周吴郑王

冯陈褚卫　蒋沈韩杨

朱秦尤许　何吕施张

孔曹严华　金魏陶姜

戚谢邹喻　柏水窦章

云苏潘葛　奚范彭郎

鲁韦昌马　苗凤花方

俞任袁柳　酆鲍史唐

费廉岑薛　雷贺倪汤

滕殷罗毕　郝邬安常

乐于时傅　皮卞齐康

伍余元卜　顾孟平黄

和穆萧尹　姚邵湛汪

祁毛禹狄　米贝明臧

计伏成戴　谈宋茅庞

xióng jǐ shū qū
熊纪舒屈

dù ruǎn lán mǐn
杜阮蓝闵

jiǎ lù lóu wēi
贾路娄危

méi shèng lín diāo
梅盛林刁

gāo xià cài tián
高夏蔡田

yú wàn zhī kē
虞万支柯

jīng fáng qiú miào
经房裘缪

dīng xuān bēn dèng
丁宣贲邓

bāo zhū zuǒ shí
包诸左石

chéng jī xíng huá
程嵇邢滑

xún yáng yú huì
荀羊於惠

ruì yì chǔ jìn
芮羿储靳

jǐng duàn fù wū
井段富巫

mù wěi shān gǔ
牧隗山谷

quán chī bān yǎng
全郗班仰

níng qiú luán bào
宁裘栾暴

zǔ wǔ fú liú
祖武符刘

xiàng zhù dǒng liáng
项祝董梁

xí jì má qiáng
席季麻强

jiāng tóng yán guō
江童颜郭

zhōng xú qiū luò
钟徐邱骆

fán hú líng huò
樊胡凌霍

zǎn guǎn lú mò
昝管卢莫

gàn xiè yīng zōng
干谢应宗

yù shàn háng hóng
郁单杭洪

cuī jí niǔ gōng
崔吉钮龚

péi lù róng wēng
裴陆荣翁

zhēn qū jiā fēng
甄麴家封

jí bǐng mí sōng
汲邴糜松

wū jiāo bā gōng
乌焦巴弓

chē hóu fú péng
车侯宓蓬

qiū zhòng yī gōng
秋仲伊宫

gān tǒu lì róng
甘钭厉戎

jǐng zhān shù lóng
景詹束龙

yè xìng sī sháo 叶幸司韶	gào lí jì bó 郜黎蓟薄
yìn sù bái huái 印宿白怀	pú tái cóng è 蒲邰从鄂
suǒ xián jí lài 索咸籍赖	zhuó lìn tú méng 卓蔺屠蒙
chí qiáo yīn yù 池乔阴郁	xū nài cāng shuāng 胥能苍双
wén shēn dǎng zhái 闻莘党翟	tán gòng láo páng 谭贡劳逢
jī shēn fú dǔ 姬申扶堵	rǎn zǎi lì yōng 冉宰郦雍
xì qú sāng guì 郤璩桑桂	pú niú shòu tōng 濮牛寿通
biān hù yān jì 边扈燕冀	jiá pǔ shàng nóng 郏浦尚农
wēn bié zhuāng yàn 温别庄晏	chái qú yán chōng 柴瞿阎充
mù lián rú xí 慕连茹习	huàn ài yú róng 宦艾鱼容
xiàng gǔ yì shèn 向古易慎	gē liào yǔ zhōng 戈廖庾终
jì jū héng bù 暨居衡步	dū gěng màn hóng 都耿满弘
kuāng guó wén kòu 匡国文寇	guǎng lù quē dōng 广禄阙东
ōu shū wò lì 欧殳沃利	yù yuè kuí lóng 蔚越夔隆
shī gǒng shè niè 师巩厍聂	cháo gōu áo róng 晁勾敖融
lěng zī xīn kǎn 冷訾辛阚	nà jiǎn ráo kōng 那简饶空
zēng wú shā niè 曾毋沙乜	yǎng jū xū fēng 养鞠须丰

cháo guān kuǎi xiāng 巢 关 蒯 相	zhā hòu jīng hóng 查 後 荆 红
yóu zhú quán lù 游 竺 权 逯	gě yì huáng gōng 盖 益 桓 公
mò qí sī mǎ 万 俟 司 马	shàng guān ōu yáng 上 官 欧 阳
xià hóu zhū gě 夏 侯 诸 葛	wén rén dōng fāng 闻 人 东 方
hè lián huáng fǔ 赫 连 皇 甫	yù chí gōng yáng 尉 迟 公 羊
tán tái gōng yě 澹 台 公 冶	zōng zhèng pú yáng 宗 政 濮 阳
chún yú chán yú 淳 于 单 于	tài shū shēn tú 太 叔 申 屠
gōng sūn zhòng sūn 公 孙 仲 孙	xuān yuán líng hú 轩 辕 令 狐
zhōng lí yǔ wén 钟 离 宇 文	zhǎng sūn mù róng 长 孙 慕 容
xiǎn yú lú qiū 鲜 于 闾 丘	sī tú sī kōng 司 徒 司 空
qí guān sī kòu 亓 官 司 寇	zhǎng dū zǐ chē 仉 督 子 车
zhuān sūn duān mù 颛 孙 端 木	wū mǎ gōng xī 巫 马 公 西
qī diāo lè zhèng 漆 雕 乐 正	rǎng sì gōng liáng 壤 驷 公 良
tuò bá jiá gǔ 拓 跋 夹 谷	zǎi fù gū liáng 宰 父 穀 梁
jìn chǔ yán fǎ 晋 楚 阎 法	rǔ yān tú qīn 汝 鄢 涂 钦
duàn gàn bǎi lǐ 段 干 百 里	dōng guō nán mén 东 郭 南 门
hū yán guī hǎi 呼 延 归 海	yáng shé wēi shēng 羊 舌 微 生

yuè shuài gōu kàng
岳帅缑亢

kuàng hòu yǒu qín
况后有琴

liáng qiū zuǒ qiū
梁丘左丘

dōng mén xī mén
东门西门

shāng móu shé èr
商牟佘佴

bó shǎng nán guān
伯赏南宫

mò hā qiáo dá
墨哈谯笪

nián ài yáng tóng
年爱阳佟

dì wǔ yán fú
第五言福

bǎi jiā xìng zhōng
百家姓终

千字文

tiān dì xuánhuáng 天地玄黄	yǔ zhòuhónghuāng 宇宙鸿荒	rì yuè yíng zè 日月盈仄	chén xiù liè zhāng 辰宿列张
hán lái shǔ wǎng 寒来暑往	qiū shōudōngcáng 秋收冬藏	rùn yú chéng suì 闰余成岁	lǜ lǚ tiáoyáng 律吕调阳
yún téng zhì yǔ 云腾致雨	lù jié wéi shuāng 露结为霜	jīn shēng lì shuǐ 金生丽水	yù chū kūn gāng 玉出昆冈
jiàn hào jù què 剑号巨阙	zhū chēng yè guāng 珠称夜光	guǒ zhēn lǐ nài 果珍李奈	cài zhòng jiè jiāng 菜重芥姜
hǎi xián hé dàn 海咸河淡	lín qián yǔ xiáng 鳞潜羽翔	lóng shī huǒ dì 龙师火帝	niǎoguān rén huáng 鸟官人皇
shǐ zhì wén zì 始制文字	nǎi fú yī cháng 乃服衣裳	tuī wèi ràng guó 推位让国	yǒu yú táo táng 有虞陶唐
diào mín fá zuì 吊民伐罪	zhōu fā yīn tāng 周发殷汤	zuò cháo wèn dào 坐朝问道	chuí gǒng píngzhāng 垂拱平章
ài yù lí shǒu 爱育黎首	chén fú róngqiāng 臣伏戎羌	xiá ěr yì tǐ 遐迩一体	shuài bīn guī wáng 率宾归王
míngfèng zài zhú 鸣凤在竹	bái jū shí cháng 白驹食场	huà bèi cǎo mù 化被草木	lài jí wàn fāng 赖及万方
gài cǐ shēn fà 盖此身发	sì dà wǔ cháng 四大五常	gōng wéi jū yǎng 恭惟鞠养	qǐ gǎn huǐ shāng 岂敢毁伤
nǚ mù zhēn jié 女慕贞洁	nán xiào cái liáng 男效才良	zhī guò bì gǎi 知过必改	dé néng mò wàng 得能莫忘
wǎng tán bǐ duǎn 罔谈彼短	mǐ shì jǐ cháng 靡恃己长	xìn shǐ kě fù 信使可覆	qì yù nán liàng 器欲难量
mò bēi sī rǎn 墨悲丝染	shī zàn gāo yáng 《诗》赞羔羊	jǐngxíng wéi xián 景行维贤	kè niàn zuò shèng 克念作圣
dé jiànmíng lì 德建名立	xíngduānbiǎozhèng 形端表正	kōng gǔ chuánshēng 空谷传声	xū táng xí tīng 虚堂习听
huò yīn è jī 祸因恶积	fú yuánshànqìng 福缘善庆	chǐ bì fēi bǎo 尺璧非宝	cùn yīn shì jìng 寸阴是竞

zī fù shì jūn 资父事君	yuē yán yǔ jìng 曰严与敬	xiàodāng jié lì 孝当竭力	zhōng zé jìn mìng 忠则尽命
lín shēn lǚ bó 临深履薄	sù xīng wēn jìng 夙兴温凊	sì lán sī xīn 似兰斯馨	rú sōng zhī shèng 如松之盛
chuān liú bù xī 川流不息	yuānchéng qǔ yìng 渊澄取映	róng zhǐ ruò sī 容止若思	yán cí ān dìng 言辞安定
dǔ chū chéng měi 笃初诚美	shènzhōng yí lìng 慎终宜令	róng yè suǒ jī 荣业所基	jí shèn wú jìng 籍甚无竟
xué yōu dēng shì 学优登仕	shè zhí cóngzhèng 摄职从政	cún yǐ gān táng 存以甘棠	qù ér yì yǒng 去而益咏
yuè shū guì jiàn 乐殊贵贱	lǐ bié zūn bēi 礼别尊卑	shàng hé xià mù 上和下睦	fū chàng fù suí 夫唱妇随
wài shòu fù xùn 外受傅训	rù fèng mǔ yí 入奉母仪	zhū gū bó shū 诸姑伯叔	yóu zǐ bǐ ér 犹子比儿
kǒnghuáixiōng dì 孔怀兄弟	tóng qì lián zhī 同气连枝	jiāo yǒu tóu fēn 交友投分	qiè mó zhēn guī 切磨箴规
rén cí yǐn cè 仁慈隐恻	zào cì fú lí 造次弗离	jié yì lián tuì 节义廉退	diān pèi fěi kuī 颠沛匪亏
xìng jìngqíng yì 性静情逸	xīn dòngshén pí 心动神疲	shǒuzhēn zhì mǎn 守真志满	zhú wù yì yí 逐物意移
jiān chí yǎ cāo 坚持雅操	hǎo jué zì mí 好爵自縻	dū yì huá xià 都邑华夏	dōng xī èr jīng 东西二京
bèi mángmiàn luò 背邙面洛	fú wèi jù jīng 浮渭据泾	gōngdiàn pán yù 宫殿盘郁	lóu guān fēi jīng 楼观飞惊
tú xiě qín shòu 图写禽兽	huà cǎi xiānlíng 画彩仙灵	bǐng shè páng qǐ 丙舍傍启	jiǎ zhàng duì yíng 甲帐对楹
sì yán shè xí 肆筵设席	gǔ sè chuī shēng 鼓瑟吹笙	shēng jiē nà bì 升阶纳陛	biànzhuǎn yí xīng 弁转疑星
yòu tōngguǎng nèi 右通广内	zuǒ dá chéngmíng 左达承明	jì jí fén diǎn 既集坟典	yì jù qún yīng 亦聚群英
dù gǎo zhōng lì 杜稿钟隶	qī shū bì jīng 漆书壁经	fǔ luó jiàngxiàng 府罗将相	lù xiá huáiqīng 路侠槐卿
hù fēng bā xiàn 户封八县	jiā jǐ qiānbīng 家给千兵	gāo guān péi niǎn 高冠陪辇	qū gǔ zhènyīng 驱毂振缨

shì lù chǐ fù	chē jià féi qīng	cè gōng mào shí	lè bēi kè míng
世禄侈富	车驾肥轻	策功茂实	勒碑刻铭
pán xī yī yǐn	zuǒ shí ē héng	yǎn zhái qū fù	wēi dàn shú yíng
磻溪伊尹	佐时阿衡	奄宅曲阜	微旦孰营
huán gōng kuāng hé	jì ruò fú qīng	qǐ huí hàn huì	yuè gǎn wǔ dīng
桓公匡合	济弱扶倾	绮回汉惠	说感武丁
jùn yì mì wù	duō shì shí níng	jìn chǔ gēng bà	zhào wèi kùn héng
俊义密勿	多士寔宁	晋楚更霸	赵魏困横
jiǎ tú miè guó	jiàn tǔ huì méng	hé zūn yuē fǎ	hán bì fán xíng
假途灭虢	践土会盟	何遵约法	韩弊烦刑
qǐ jiǎn pō mù	yòng jūn zuì jīng	xuān wēi shā mò	chí yù dān qīng
起翦颇牧	用军最精	宣威沙漠	驰誉丹青
jiǔ zhōu yǔ jì	bǎi jùn qín bìng	yuè zōng tài dài	shàn zhǔ yún tíng
九州禹迹	百郡秦并	岳宗泰岱	禅主云亭
yàn mén zǐ sài	jī tián chì chéng	kūn chí jié shí	jù yě dòng tíng
雁门紫塞	鸡田赤城	昆池碣石	巨野洞庭
kuàng yuǎn mián miǎo	yán xiù yǎo míng	zhì běn yú nóng	wù zī jià sè
旷远绵邈	岩岫杳冥	治本于农	务兹稼穑
chù zǎi nán mǔ	wǒ yì shǔ jì	shuì shú gòng xīn	quàn shǎng chù zhì
俶载南亩	我艺黍稷	税熟贡新	劝赏黜陟
mèng mǒu dūn sù	shǐ yú bǐng zhí	shù jī zhōng yōng	láo qiān jǐn chì
孟轲敦素	史鱼秉直	庶几中庸	劳谦谨敕
líng yīn chá lǐ	jiàn mào biàn sè	yí jué jiā yóu	miǎn qí zhī zhí
聆音察理	鉴貌辨色	贻厥嘉猷	勉其祗植
xǐng gōng jī jiè	chǒng zēng kàng jí	dài rǔ jìn chǐ	lín gāo xìng jí
省躬讥诫	宠增抗极	殆辱近耻	林皋幸即
liǎng shū jiàn jī	jiě zǔ shuí bī	suǒ jū xián chù	chén mò jì liáo
两疏见机	解组谁逼	索居闲处	沉默寂寥
qiú gǔ xún lùn	sǎn lǜ xiāo yáo	xīn zòu lěi qiǎn	qī xiè huān zhāo
求古寻论	散虑逍遥	欣奏累遣	戚谢欢招
qú hé dì lì	yuán mǎng chōu tiáo	pí pá wǎn cuì	wú tóng zǎo diāo
渠荷的历	园莽抽条	枇杷晚翠	梧桐蚤凋
chén gēn wěi yì	luò yè piāo yáo	yóu kūn dú yùn	líng mó jiàng xiāo
陈根委翳	落叶飘摇	游鹍独运	凌摩绛霄

耽读玩市　寓木囊箱　易輶攸畏　属耳垣墙

具膳餐饭　适口充肠　饱饫烹宰　饥厌糟糠

亲戚故旧　老少异粮　妾御绩纺　侍巾帷房

纨扇圆洁　银烛炜煌　昼眠夕寐　蓝笋象床

弦歌酒宴　接杯举觞　矫手顿足　悦豫且康

嫡后嗣续　祭祀烝尝　稽颡再拜　悚惧恐惶

笺牒简要　顾答审详　骸垢想浴　执热愿凉

驴骡犊特　骇跃超骧　诛斩贼盗　捕获叛亡

布射僚丸　嵇琴阮啸　恬笔伦纸　钧巧任钓

释纷利俗　并皆佳妙　毛施淑姿　工颦妍笑

年矢每催　曦晖朗曜　璇玑悬斡　晦魄环照

指薪修祜　永绥吉劭　矩步引领　俯仰廊庙

束带矜庄　徘徊瞻眺　孤陋寡闻　愚蒙等诮

谓语助者　焉哉乎也

孝经

开宗明义章第一
kāi zōngmíng yì zhāng dì yī

仲尼居，曾子侍。子曰："先王有至德要道，以顺天下，民用和睦，上下无怨。汝知之乎？"曾子避席曰："参不敏，何足以知之？"子曰："夫孝，德之本也，教之所由生也。复坐，吾语汝。身体发肤，受之父母，不敢毁伤，孝之始也。立身行道，扬名于后世，以显父母，孝之终也。夫孝，始于事亲，中于事君，终于立身。《大雅》云：'无念而祖，聿修厥德。'"

天子章第二
tiān zǐ zhāng dì èr

子曰：爱亲者，不敢恶于人；敬亲者，不敢慢于人。爱敬尽于事亲，而德教加于百姓，刑于四海，盖天子之孝也。《甫刑》云："一人有庆，兆民赖之。"

23

诸侯章第三

在上不骄，高而不危；制节谨度，满而不溢。

高而不危，所以长守贵也。满而不溢，所以长守富也。

富贵不离其身，然后能保其社稷，而和其民人。

盖诸侯之孝也。《诗》云："战战兢兢，如临深渊，如履薄冰。"

卿、大夫章第四

非先王之法服不敢服，非先王之法言不敢道，非先王之德行不敢行。是故非法不言，非道不行；口无择言，身无择行。言满天下无口过，行满天下无怨恶。三者备矣，然后能守其宗庙。盖卿、大夫之孝也。诗云："夙夜匪懈，以事一人"。

士章第五

资于事父以事母，而爱同；资于事父以事君，而敬同。故母取其爱，而君取其敬，兼之者父也。故以孝事君则忠，以敬事长则顺。忠顺不失，以事

24

其上，然后能保其禄位，而守其祭祀。盖士之孝也。

《诗》云："夙兴夜寐，无忝尔所生。"

庶人章第六

用天之道，分地之利，谨身节用，以养父母。

此庶人之孝也。故自天子至于庶人，孝无终始，

而患不及者，未之有也。

三才章第七

曾子曰："甚哉，孝之大也！子曰："夫孝，天之经也，

地之义也，民之行也。天地之经，而民是则之。则天

之明，因地之利，以顺天下。是以其教不肃而成，其政

不严而治。先王见教之可以化民也，是故先之以博爱，

而民莫遗其亲；陈之于德义，而民兴行。先之以敬让，

而民不争；导之以礼乐，而民和睦；示之以好恶，而民

知禁。诗云：'赫赫师尹，民具尔瞻。'"

孝治章第八

子曰："昔者明王之以孝治天下也，不敢遗

25

小国之臣，而况于公、侯、伯、子、男乎？故得万国之欢心，以事其先王。治国者，不敢侮于鳏寡，而况于士民乎？故得百姓之欢心，以事其先君。治家者，不敢失于臣妾，而况于妻子乎？故得人之欢心，以事其亲。夫然，故生则亲安之，祭则鬼享之，是以天下和平，灾害 不生，祸乱不作。故明王之以孝治天下也如此。《诗》云：'有觉德行，四国顺之。'"

圣治章第九

曾子曰："敢问圣人之德，无以加于孝乎？"

子曰："天地之性，人为贵。人之行，莫大于孝。孝莫大于严父，严父莫大于配天，则周公其人也。昔者，周公郊祀后稷以配天，宗祀文王于明堂，以配上帝。是以四海之内，各以其职来祭。夫圣人之德，又何以加于孝乎？故亲生之膝下，以养父母日严。圣人因严以教敬，因亲以教爱。圣人之教，不肃而成，其政不严而治，其所因者本也。父子之道，天性也，君臣之义也。父母生之，续莫大焉。君亲临之，厚莫重焉。

故不爱其亲而爱他人者，谓之悖德；不敬其亲而敬他人者，谓之悖礼。以顺则逆，民无则焉。不在于善，而皆在于凶德，虽得之，君子不贵也。君子则不然，言思可道，行思可乐，德义可尊，作事可法，容止可观，进退可度，以临其民。是以其民畏而爱之，则而象之。故能成其德教，而行其政令。《诗》云：'淑人君子，其仪不忒。'"

纪孝行章第十

子曰："孝子之事亲也，居则致其敬，养则致其乐，病则致其忧，丧则致其哀，祭则致其严，五者备矣，然后能事亲。事亲者，居上不骄，为下不乱，在丑不争。居上而骄则亡，为下而乱则刑，在丑而争则兵。三者不除，虽日用三牲之养，犹为不孝也。"

五刑章第十一

子曰："五刑之属三千，而罪莫大于不孝。要君者无上，非圣人者无法，非孝者无亲。

cǐ dà luàn zhī dào yě
此大乱之道也。"

guǎng yào dào zhāng dì shí èr
广要道章第十二

zǐ yuē jiào mín qīn ài mò shàn yú xiào jiào mín lǐ shùn mò shàn yú tì
子曰:"教民亲爱,莫善于孝。教民礼顺,莫善于悌。

yí fēng yì sú mò shàn yú yuè ān shàng zhì mín mò shàn yú lǐ lǐ zhě
移风易俗,莫善于乐。安上治民,莫善于礼。礼者,

jìng ér yǐ yǐ gù jìng qí fù zé zǐ yuè jìng qí xiōng zé dì yuè jìng qí
敬而已矣。故敬其父,则子悦;敬其兄,则弟悦;敬其

jūn zé chén yuè jìng yì rén ér qiān wàn rén yuè suǒ jìng zhě guǎ ér yuè zhě
君,则臣悦;敬一人,而千万人悦。所敬者寡,而悦者

zhòng cǐ zhī wèi yào dào yě
众。此之谓要道也。"

guǎng zhì dé zhāng dì shí sān
广至德章第十三

zǐ yuē jūn zǐ zhī jiào yǐ xiào yě fēi jiā zhì ér rì jiàn zhī yě
子曰: "君子之教以孝也,非家至而日见之也。

jiào yǐ xiào suǒ yǐ jìng tiān xià zhī wéi rén fù zhě yě jiào yǐ tì suǒ yǐ jìng
教以孝,所以敬天下之为人父者也。教以悌,所以敬

tiān xià zhī wéi rén xiōng zhě yě jiào yǐ chén suǒ yǐ jìng tiān xià zhī wéi rén jūn
天下之为人兄者也。教以臣,所以敬天下之为人君

zhě yě shī yún kǎi tì jūn zǐ mín zhī fù mǔ fēi zhì dé
者也。《诗》云:'恺悌君子,民之父母。'非至德,

qí shú néng shùn mín rú cǐ qí dà zhě hū
其孰能顺民,如此其大者乎!"

guǎng yáng míng zhāng dì shí sì
广扬名章第十四

zǐ yuē jūn zǐ zhī shì qīn xiào gù zhōng kě yí yú jūn shì xiōng tì
子曰:"君子之事亲孝,故忠可移于君;事兄悌,

gù shùn kě yí yú zhǎng jū jiā lǐ gù zhì kě yí yú guān shì yǐ xíng chéng
故顺可移于长;居家理,故治可移于官。是以行成

28

于内，而名立于后世矣。"

谏诤章第十五

曾子曰："若夫慈爱、恭敬、安亲、扬名，则闻命矣。敢问子从父之令，可谓孝乎？"子曰："是何言与！是何言与！昔者，天子有争臣七人，虽无道，不失其天下；诸侯有争臣五人，虽无道，不失其国；大夫有争臣三人，虽无道，不失其家；士有争友，则身不离于令名；父有争子，则身不陷于不义。故当不义，则子不可以不争于父；臣不可以不争于君；故当不义则争之。从父之令，又焉得为孝乎！"

感应章第十六

子曰："昔者，明王事父孝，故事天明；事母孝，故事地察；长幼顺，故上下治。天地明察，神明彰矣。故虽天子，必有尊也，言有父也；必有先也，言有兄也。宗庙致敬，不忘亲也。修身慎行，恐辱先也。宗庙致敬，鬼神著矣。孝悌之至，通于神明，光于四海，无所不通。

《诗》云：'自西自东，自南自北，无思不服。'"

事君章第十七

子曰："君子之事上也，进思尽忠，退思补过，将顺其美，匡救其恶，故上下能相亲也。《诗》云：'心乎爱矣，遐不谓矣。中心藏之，何日忘之？'"

丧亲章第十八

子曰："孝子之丧亲也，哭不偯，礼无容，言不文，服美不安，闻乐不乐，食旨不甘，此哀戚之情也。三日而食，教民无以死伤生。毁不灭性，此圣人之政也。丧不过三年，示民有终也。为之棺、椁、衣、衾而举之；陈其簠、簋而哀戚之；擗踊哭泣，哀以送之；卜其宅兆，而安措之；为之宗庙，以鬼享之；春秋祭祀，以时思之。生事爱敬，死事哀戚，生民之本尽矣，死生之义备矣，孝子之事亲终矣。

大学

dà xué

大学之道：在明明德，在亲民，在止于至善。

知止而后有定，定而后能静，静而后能安，

安而后能虑，虑而后能得。

物有本末，事有终始。知所先后，则近道矣。

古之欲明明德于天下者，先治其国；欲治其国者，

先齐其家；欲齐其家者，先修其身；欲修其身者，

先正其心；欲正其心者，先诚其意；欲诚其意者，

先致其知；致知在格物。

物格而后知至；知至而后意诚；意诚而后心正；

心正而后身修；身修而后家齐；家齐而后国治；

国治而后天下平。

自天子以至于庶人，壹是皆以修身为本。其本

乱而末治者，否矣；其所厚者薄，而其所薄者厚，

未之有也！

《康诰》曰："克明德。"《大甲》曰："顾諟天之明命。"《帝典》曰："克明峻德。"皆自明也。

汤之《盘铭》曰："苟日新，日日新，又日新。"《康诰》曰："作新民。"《诗》曰："周虽旧邦，其命惟新。"是故，君子无所不用其极。

《诗》云："邦畿千里，惟民所止。"《诗》云："缗蛮黄鸟，止于丘隅。"子曰："于止，知其所止，可以人而不如鸟乎！"

《诗》云："穆穆文王，於缉熙敬止。"为人君，止于仁；为人臣，止于敬；为人子，止于孝；为人父，止于慈；与国人交，止于信。

《诗》云："瞻彼淇澳，菉竹猗猗。有斐君子，如切如磋，如琢如磨。瑟兮僩兮，赫兮喧兮。有斐君子，终不可諠兮。"如切如磋者，道学也；如琢如磨者，自修也；瑟兮僩兮者，恂慄也；赫兮喧兮者，威仪也。有斐君子，终不可諠兮者，道盛德至善，民之

bù néngwàng yě
不能忘也。

shī yún wū hū qiánwáng bù wàng jūn zǐ xián qí xián
《诗》云："於戏！前王不忘。"君子贤其贤

ér qīn qí qīn xiǎo rén lè qí lè ér lì qí lì cǐ yǐ mò shì bù wàng yě
而亲其亲，小人乐其乐而利其利，此以没世不忘也。

zǐ yuē tīngsòng wú yóu rén yě bì yě shǐ wú sòng hū wú qíng zhě
子曰："听讼，吾犹人也，必也使无讼乎！"无情者，

bù dé jìn qí cí dà wèi mín zhì cǐ wèi zhī běn
不得尽其辞，大畏民志，此谓知本。

cǐ wèi zhī běn cǐ wèi zhī zhī zhì yě
此谓知本。此谓知之至也。

suǒ wèi chéng qí yì zhě wú zì qī yě rú wù è xiù rú hào hǎo sè
所谓诚其意者，毋自欺也，如恶恶臭，如好好色，

cǐ zhī wèi zì qiè gù jūn zǐ bì shèn qí dú yě
此之谓自谦，故君子必慎其独也！

xiǎo rén xián jū wéi bú shàn wú suǒ bù zhì jiàn jūn zǐ ér hòu yǎn rán
小人闲居为不善，无所不至，见君子而后厌然，

yǎn qí bú shàn ér zhù qí shàn rén zhī shì jǐ rú jiàn qí fèi gān rán zé
掩其不善，而著其善。人之视己，如见其肺肝然，则

hé yì yǐ cǐ wèi chéng yú zhōng xíng yú wài gù jūn zǐ bì shèn qí dú yě
何益矣？此谓诚于中，形于外，故君子必慎其独也。

zēng zǐ yuē shí mù suǒ shì shí shǒu suǒ zhǐ qí yán hū
曾子曰："十目所视，十手所指，其严乎！"

fù rùn wū dé rùn shēn xīn guǎng tǐ pán gù jūn zǐ bì chéng qí yì
富润屋，德润身，心广体胖，故君子必诚其意。

suǒ wèi xiū shēn zài zhèng qí xīn zhě shēn yǒu suǒ fèn zhì zé bù dé qí zhèng
所谓修身在正其心者，身有所忿懥，则不得其正；

yǒu suǒ kǒng jù zé bù dé qí zhèng yǒu suǒ hào yào zé bù dé qí zhèng yǒu suǒ
有所恐惧，则不得其正；有所好乐，则不得其正；有所

yōu huàn zé bù dé qí zhèng
忧患，则不得其正。

心不在焉，视而不见，听而不闻，食而不知其味。

此谓修身在正其心。

所谓齐其家在修其身者，人，之其所亲爱而辟焉，之其所贱恶而辟焉，之其所畏敬而辟焉，之其所哀矜而辟焉，之其所敖惰而辟焉。故好而知其恶，恶而知其美者，天下鲜矣！

故谚有之曰："人莫知其子之恶，莫知其苗之硕。"此谓身不修，不可以齐其家。

所谓治国必先齐其家者，其家不可教，而能教人者，无之。故君子不出家而成教于国：孝者，所以事君也；弟者，所以事长也；慈者，所以使众也。

《康诰》曰："如保赤子。"心诚求之，虽不中，不远矣。未有学养子而后嫁者也。

一家仁，一国兴仁；一家让，一国兴让；一人贪戾，一国作乱。其机如此。此谓一言偾事，一人定国。

尧、舜率天下以仁，而民从之；桀、纣帅天下以暴，

而民从之；其所令，反其所好，而民不从。是故君子

有诸己而后求诸人，无诸己而后非诸人。所藏乎身

不恕，而能喻诸人者，未之有也。故治国在齐其家。

《诗》云："桃之夭夭，其叶蓁蓁。之子于归，

宜其家人。"宜其家人，而后可以教国人。

《诗》云："宜兄宜弟。"宜兄宜弟，而后可以

教国人。

《诗》云："其仪不忒，正是四国。"其为

父子兄弟足法，而后民法之也。

此谓治国在齐其家。

所谓平天下在治其国者：上老老，而民兴孝；上

长长，而民兴弟；上恤孤，而民不倍。是以君子

有絜矩之道也。

所恶于上，毋以使下；所恶于下，毋以事上；所恶

于前，毋以先后；所恶于后，毋以从前；所恶于右，

毋以交于左；所恶于左，毋以交于右：此之谓絜矩之道。

《诗》云："乐只君子，民之父母。"民之所好，好之；民之所恶，恶之。此之谓民之父母。

《诗》云："节彼南山，维石岩岩。赫赫师尹，民具尔瞻。"有国者不可以不慎。辟，则为天下僇矣。

《诗》云："殷之未丧师，克配上帝。仪监于殷，峻命不易。"道得众则得国，失众则失国。是故君子先慎乎德。

有德此有人，有人此有土，有土此有财，有财此有用。德者，本也；财者，末也。外本内末，争民施夺。是故财聚则民散，财散则民聚。是故言悖而出者，亦悖而入；货悖而入者，亦悖而出。

《康诰》曰："惟命不于常。"道善则得之，不善则失之矣。

《楚书》曰："楚国无以为宝，惟善以为宝。"

舅犯曰："亡人无以为宝，仁亲以为宝。"

《秦誓》曰："若有一介臣，断断兮，无他技，

36

其心休休焉，其如有容焉。人之有技，若己有之；人之彦圣，其心好之。不啻若自其口出，寔能容之，以能保我子孙黎民，尚亦有利哉。人之有技，媢疾以恶之；人之彦圣，而违之俾不通。寔不能容，以不能保我子孙黎民，亦曰殆哉！"唯仁人放流之，迸诸四夷，不与同中国。此谓唯仁人为能爱人，能恶人。

见贤而不能举，举而不能先，命也；见不善而不能退，退而不能远，过也。好人之所恶，恶人之所好，是谓拂人之性，灾必逮夫身。是故君子有大道，必忠信以得之，骄泰以失之。

生财有大道：生之者众，食之者寡；为之者疾，用之者舒，则财恒足矣。

仁者以财发身，不仁者以身发财。未有上好仁，而下不好义者也；未有好义，其事不终者也；未有府库财，非其财者也。

孟献子曰："畜马乘，不察于鸡豚；伐冰之家，不畜牛羊；百乘之家，不畜聚敛之臣，与其有聚敛之臣，宁有盗臣。"此谓国不以利为利，以义为利也。

长国家而务财用者，必自小人矣。彼为善之，小人之使为国家，灾害并至。虽有善者，亦无如之何矣！此谓国家不以利为利，以义为利也。

中 庸

天命之谓性，率性之谓道，修道之谓教。

道也者，不可须臾离也，可离非道也。是故君子戒慎乎其所不睹，恐惧乎其所不闻。莫见乎隐，莫显乎微。故君子慎其独也。

喜怒哀乐之未发，谓之中；发而皆中节，谓之和。中也者，天下之大本也；和也者，天下之达道也。致中和，天地位焉，万物育焉。

仲尼曰："君子中庸，小人反中庸。君子之中庸也，君子而时中；小人之反中庸也，小人而无忌惮也。"

子曰："中庸其至矣乎！民鲜能久矣。"

子曰："道之不行也，我知之矣：知者过之，愚者不及也；道之不明也，我知之矣：贤者过之，不肖者不及也。人莫不饮食也，鲜能知味也。"

子曰："道其不行矣夫！"

子曰："舜其大知也与！舜好问而好察迩言，隐恶而扬善，执其两端，用其中于民，其斯以为舜乎！"

子曰："人皆曰予知，驱而纳诸罟擭陷阱之中，而莫之知辟也；人皆曰予知，择乎中庸而不能期月守也。"

子曰："回之为人也，择乎中庸，得一善，则拳拳服膺，而弗失之矣。"

子曰："天下国家可均也，爵禄可辞也，白刃可蹈也，中庸不可能也。"

子路问强。子曰："南方之强与？北方之强与？抑而强与？宽柔以教，不报无道，南方之强也，君子居之。衽金革，死而不厌，北方之强也，而强者居之。故君子和而不流，强哉矫！中立而不倚，强哉矫！国有道，不变塞焉，强哉矫！国无道，至死不变，强哉矫！"

子曰："素隐行怪，后世有述焉，吾弗为之矣。君子遵道而行，半涂而废，吾弗能已矣。君子依乎中庸，遁世不见知而不悔，唯圣者能之。"

君子之道，费而隐。夫妇之愚，可以与知焉，及其至也，虽圣人亦有所不知焉；夫妇之不肖，可以能行焉，及其至也，虽圣人亦有所不能焉。

天地之大也，人犹有所憾。故君子语大，天下莫能载焉；语小，天下莫能破焉。

《诗》云："鸢飞戾天，鱼跃于渊。"言其上下察也。君子之道，造端乎夫妇，及其至也，察乎天地。

子曰："道不远人；人之为道而远人，不可以为道。《诗》云：'伐柯伐柯，其则不远。'执柯以伐柯，睨而视之，犹以为远。故君子以人治人，改而止。忠恕违道不远，施诸己而不愿，亦勿施于人。

"君子之道四，丘未能一焉：所求乎子以事父，未能也；所求乎臣以事君，未能也；所求乎弟以事兄，

41

未能也；所求乎朋友先施之，未能也。庸德之行，

庸言之谨，有所不足，不敢不勉；有余，不敢尽。言

顾行，行顾言，君子胡不慥慥尔！"

君子素其位而行，不愿乎其外。素富贵，行乎富贵；

素贫贱，行乎贫贱；素夷狄，行乎夷狄；素患难，行乎

患难。君子无入而不自得焉。

在上位，不陵下；在下位，不援上。正己而不求

于人，则无怨。上不怨天，下不尤人。故君子居易以

俟命，小人行险以徼幸。

子曰："射有似乎君子，失诸正鹄，反求诸

其身。"

君子之道，辟如行远，必自迩；辟如登高，必自卑。

《诗》曰："妻子好合，如鼓瑟琴。兄弟既翕，

和乐且耽。宜尔室家，乐尔妻帑。"子曰："父母其

顺矣乎！"

子曰："鬼神之为德，其盛矣乎！视之而弗见，

42

听之而弗闻，体物而不可遗。使天下之人，齐明盛服，以承祭祀。洋洋乎如在其上，如在其左右。《诗》曰：'神之格思，不可度思，矧可射思？'夫微之显，诚之不可揜如此夫！"

子曰："舜其大孝也与！德为圣人，尊为天子，富有四海之内，宗庙飨之，子孙保之。故大德必得其位，必得其禄，必得其名，必得其寿。故天之生物，必因其材而笃焉。故栽者培之，倾者覆之。《诗》曰：'嘉乐君子，宪宪令德。宜民宜人，受禄于天。保佑命之，自天申之。'故大德者必受命。"

子曰："无忧者，期惟文王乎！以王季为父，以武王为子，父作之，子述之。

"武王缵大王、王季、文王之绪，壹戎衣而有天下，身不失天下之显名，尊为天子，富有四海之内，宗庙飨之，子孙保之。

"武王末受命，周公成文武之德，追王大王、王季，上祀先公以天子之礼。斯礼也，达乎诸侯、大夫及士、庶人。父为大夫，子为士，葬以大夫，祭以士；父为士，子为大夫，葬以士，祭以大夫。期之丧，达乎大夫；三年之丧，达乎天子。父母之丧，无贵贱一也。"

子曰："武王、周公，其达孝矣乎！夫孝者，善继人之志，善述人之事者也。春秋修其祖庙，陈其宗器，设其裳衣，荐其时食。"

"宗庙之礼，所以序昭穆也；序爵，所以辨贵贱也；序事，所以辨贤也；旅酬下为上，所以逮贱也；燕毛，所以序齿也。践其位，行其礼，奏其乐，敬其所尊，爱其所亲，事死如事生，事亡如事存，孝之至也。

"郊社之礼，所以事上帝也；宗庙之礼，所以祀乎其先也。明乎郊社之礼，禘尝之义，治国其如示诸掌乎？"

哀公问政。子曰:"文武之政,布在方策。其人存,
则其政举;其人亡,则其政息。人道敏政,地道敏树。
夫政也者,蒲卢也。故为政在人,取人以身,修身以道,
修道以仁。

"仁者,人也,亲亲为大;义者,宜也,尊贤为大。
亲亲之杀,尊贤之等,礼所生也。在下位不获乎上,
民不可得而治矣。故君子不可以不修身;思修身,
不可以不事亲;思事亲,不可以不知人;思知人,
不可以不知天。

"天下之达道五,所以行之者三,曰:君臣也,
父子也,夫妇也,昆弟也,朋友之交也,五者
天下之达道也;知、仁、勇、三者,天下之达德也;
所以行之者一也。

"或生而知之,或学而知之,或困而知之,及其
知之,一也;或安而行之,或利而行之,或勉强而行之,
及其成功,一也。

子曰：“好学近乎知，力行近乎仁，知耻近乎勇。

知斯三者，则知所以修身；知所以修身，则知所以治人；

知所以治人，则知所以治天下国家矣。

“凡为天下国家有九经，曰：修身也，尊贤也，

亲亲也，敬大臣也，体群臣也，子庶民也，来百工也，

柔远人也，怀诸侯也。

“修身则道立，尊贤则不惑，亲亲则诸父昆弟

不怨，敬大臣则不眩，体群臣则士之报礼重，子庶民

则百姓劝，来百工则财用足，柔远人则四方归之，

怀诸侯则天下畏之。

“齐明盛服，非礼不动，所以修身也；去谗远色，

贱货而贵德，所以劝贤也；尊其位，重其禄，同其好恶，

所以劝亲亲也；官盛任使，所以劝大臣也；忠信重禄，

所以劝士也；时使薄敛，所以劝百姓也；日省月试，

既禀称事，所以劝百工也；送往迎来，嘉善而矜不能，

所以柔远人也；继绝世，举废国，治乱持危，朝聘以时，

厚往而薄来，所以怀诸侯也。

"凡为天下国家有九经，所以行之者一也。

"凡事豫则立，不豫则废。言前定则不跲，事前定则不困，行前定则不疚，道前定则不穷。

"在下位不获乎上，民不可得而治矣；获乎上有道，不信乎朋友，不获乎上矣；信乎朋友有道，不顺乎亲，不信乎朋友矣；顺乎亲有道，反诸身不诚，不顺乎亲矣；诚身有道，不明乎善，不诚乎身矣。

"诚者，天之道也；诚之者，人之道也。诚者，不勉而中，不思而得，从容中道，圣人也；诚之者，择善而固执之者也。

"博学之，审问之，慎思之，明辨之，笃行之。有弗学，学之弗能，弗措也；有弗问，问之弗知，弗措也；有弗思，思之弗得，弗措也；有弗辨，辨之弗明，弗措也；有弗行，行之弗笃，弗措也。人一能之，己百之；人十能之，己千之。果能此道矣，虽愚必明，虽柔必强。"

自诚明，谓之性；自明诚，谓之教。诚则明矣，明则诚矣。

唯天下至诚，为能尽其性。能尽其性，则能尽人之性；能尽人之性，则能尽物之性；能尽物之性，则可以赞天地之化育；可以赞天地之化育，则可以与天地参矣。

其次致曲，曲能有诚。诚则形，形则著，著则明，明则动，动则变，变则化。唯天下至诚为能化。

至诚之道，可以前知。国家将兴，必有祯祥；国家将亡，必有妖孽。见乎蓍龟，动乎四体。祸福将至，善，必先知之；不善，必先知之。故至诚如神。

诚者，自成也；而道，自道也。诚者，物之终始，不诚无物。是故君子诚之为贵。诚者，非自成己而已也，所以成物也。成己，仁也；成物，知也。性之德也，合外内之道也。故时措之宜也。

故至诚无息。不息则久，久则征，征则悠远，悠远则博厚，博厚则高明。

48

博厚，所以载物也；高明，所以覆物也；悠久，所以成物也。博厚配地，高明配天，悠久无疆。如此者，不见而章，不动而变，无为而成。

天地之道，可一言而尽也：其为物不贰，则其生物不测。天地之道：博也，厚也，高也，明也，悠也，久也。

今夫天，斯昭昭之多，及其无穷也，日月星辰系焉，万物覆焉；今夫地，一撮土之多，及其广厚，载华岳而不重，振河海而不泄，万物载焉；今夫山，一卷石之多，及其广大，草木生之，禽兽居之，宝藏兴焉；今夫水，一勺之多，及其不测，鼋鼍、鲛龙、鱼鳖生焉，货财殖焉。

《诗》云："维天之命，於穆不已！"盖曰天之所以为天也。"於乎不显，文王之德之纯！"盖曰文王之所以为文也，纯亦不已。

大哉，圣人之道！洋洋乎，发育万物，峻极于天。优优大哉！礼仪三百，威仪三千，待其人而后行。故曰：

苟不至德，至道不凝焉。故君子尊德性而道问学，致广大而尽精微，极高明而道中庸，温故而知新，敦厚以崇礼。是故居上不骄，为下不倍。国有道，其言足以兴；国无道，其默足以容。《诗》曰："既明且哲，以保其身。"其此之谓与！

子曰："愚而好自用，贱而好自专，生乎今之世，反古之道，如此者，栽及其身者也。"

非天子，不议礼，不制度，不考文。今天下车同轨，书同文，行同伦。虽有其位，苟无其德，不敢作礼乐焉；虽有其德，苟无其位，亦不敢作礼乐焉。

子曰："吾说夏礼，杞不足征也；吾学殷礼，有宋存焉；吾学周礼，今用之，吾从周。"

王天下有三重焉，其寡过矣乎！上焉者，虽善无征，无征不信，不信民弗从；下焉者，虽善不尊，不尊不信，不信民弗从。故君子之道，本诸身，征诸庶民，考诸三王而不缪，建诸天地而不悖，质诸鬼神而无疑，百世以俟圣人而不惑。

质诸鬼神而无疑，知天也；百世以俟圣人而不惑，知人也。是故君子动而世为天下道，行而世为天下法，言而世为天下则。远之则有望，近之则不厌。

《诗》曰："在彼无恶，在此无射。庶几夙夜，以永终誉。"君子未有不如此而蚤有誉于天下者也。

仲尼祖述尧、舜，宪章文、武；上律天时，下袭水土。辟如天地之无不持载，无不覆帱；辟如四时之错行，如日月之代明。万物并育而不相害，道并行而不相悖。小德川流，大德敦化。此天地之所以为大也。

唯天下至圣，为能聪明睿知，足以有临也；宽裕温柔，足以有容也；发强刚毅，足以有执也；齐庄中正，足以有敬也；文理密察，足以有别也。

溥博渊泉，而时出之。溥博如天，渊泉如渊。见而民莫不敬，言而民莫不信，行而民莫不说。是以声名洋溢乎中国，施及蛮貊。舟车所至，人力所通，天之所覆，地之所载，日月所照，霜露所队，凡有血气者，莫不尊亲，故曰配天。

唯天下至诚，为能经纶天下之大经，立天下之大本，知天地之化育。夫焉有所倚？肫肫其仁，渊渊其渊，浩浩其天！苟不固聪明圣知达天德者，其孰能知之？

《诗》曰："衣锦尚纲。"恶其文之著也。故君子之道，闇然而日章；小人之道，的然而日亡。君子之道，淡而不厌，简而文，温而理，知远之近，知风之自，知微之显，可与入德矣。

《诗》云："潜虽伏矣，亦孔之昭！"故君子内省不疚，无恶于志。君子之所不可及者，其唯人之所不见乎！《诗》云："相在尔室，尚不愧于屋漏。"故君子不动而敬，不言而信。

《诗》曰："奏假无言,时靡有争。"是故君子不赏
而民劝,不怒而民威于铁钺。《诗》曰:"不显惟德,
百辟其刑之。"是故君子笃恭而天下平。

《诗》云:"予怀明德,不大声以色。"子曰:
"声色之于以化民,末也。"《诗》曰:"德辖如毛。"
毛犹有伦。"上天之载,无声无臭。"至矣!

论 语

学而篇第一

子曰：“学而时习之，不亦说乎？有朋自远方来，不亦乐乎？人不知而不愠，不亦君子乎？”

有子曰：“其为人也孝弟，而好犯上者，鲜矣；不好犯上，而好作乱者，未之有也。君子务本，本立而道生。孝弟也者，其为仁之本与！”

子曰：“巧言令色，鲜矣仁！”

曾子曰：“吾日三省吾身：为人谋而不忠乎？与朋友交而不信乎？传不习乎？”

子曰：“道千乘之国，敬事而信，节用而爱人，使民以时。”

子曰：“弟子入则孝，出则弟，谨而信，泛爱众而亲仁。行有余力，则以学文。”

子夏曰：“贤贤易色；事父母，能竭其力；事君，能致其身；与朋友交，言而有信。虽曰未学，吾必谓之学矣。”

子曰：“君子不重则不威，学则不固。主忠信。无友不如己者。过，则勿惮改。”

曾子曰：“慎终追远，民德归厚矣。”

子禽问于子贡曰：“夫子至于是邦也，必闻其政。求之与?抑与之与?”子贡曰：“夫子温、良、恭、俭、让以得之。夫子之求之也，其诸异乎人之求之与？”

子曰：“父在，观其志；父没，观其行；三年无改于父之道，可谓孝矣。”

有子曰：“礼之用，和为贵。先王之道，斯为美，小大由之。有所不行，知和而和，不以礼节之，亦不可行也。”

有子曰：“信近于义，言可复也。恭近于礼，远耻辱也。因不失其亲，亦可宗也。”

55

子曰：“君子食无求饱，居无求安，敏于事而慎于言，就有道而正焉，可谓好学也已。”

子贡曰：“贫而无谄，富而无骄，何如？”子曰："可也。未若贫而乐，富而好礼者也。”

子贡曰：《诗》云：‘如切如磋，如琢如磨。’其斯之谓与？”子曰：“赐也，始可与言《诗》已矣，告诸往而知来者。”

子曰：“不患人之不己知，患不知人也。”

为政篇第二

子曰：“为政以德，譬如北辰居其所而众星共之。”

子曰：“诗三百，一言以蔽之，曰：‘思无邪。’”

子曰：“道之以政，齐之以刑，民免而无耻。道之以德，齐之以礼，有耻且格。”

子曰：“吾十有五而志于学；三十而立；四十而不惑；五十而知天命；六十而耳顺；七十而从心所欲，不逾矩。”

孟懿子问孝。子曰：“无违。”

樊迟御，子告之曰：“孟孙问孝于我，我对曰，无违。樊迟曰：“何谓也?”子曰：“生，事之以礼；死，葬之以礼，祭之以礼。”

孟武伯问孝。子曰：“父母唯其疾之忧。”

子游问孝。子曰：“今之孝者，是谓能养。至于犬马，皆能有养。不敬，何以别乎?”

子夏问孝。子曰：“色难。有事，弟子服其劳；有酒食，先生馔，曾是以为孝乎?”

子曰：“吾与回言终日，不违，如愚。退而省其私，亦足以发，回也不愚。”

子曰：“视其所以，观其所由，察其所安。人焉廋哉? 人焉廋哉?”

子曰：“温故而知新，可以为师矣。”

子曰：“君子不器。”

子贡问君子。子曰：“先行其言而后从之。”

子曰：“君子周而不比，小人比而不周。”

子曰：“学而不思则罔，思而不学则殆。”

子曰：“攻乎异端，斯害也已。”

子曰：“由！诲女知之乎！知之为知之，不知为不知，是知也。”

子张学干禄。子曰：“多闻阙疑，慎言其余，则寡尤；多见阙殆，慎行其余，则寡悔。言寡尤，行寡悔，禄在其中矣。”

哀公问曰：“何为则民服？”孔子对曰：“举直错诸枉，则民服；举枉错诸直，则民不服。”

季康子问：“使民敬、忠以劝，如之何？”子曰：“临之以庄，则敬；孝慈，则忠；举善而教不能，则劝。”

58

或谓孔子曰："子奚不为政?"子曰:"《书》云:'孝乎惟孝,友于兄弟,施于有政。'是亦为政,奚其为为政?"

子曰:"人而无信,不知其可也。大车无輗,小车无軏,其何以行之哉?"

子张问:"十世可知也?"子曰:"殷因与夏礼,所损益,可知也;周因于殷礼,所损益,可知也。其或继周者,虽百世,可知也。"

子曰:"非其鬼而祭之,谄也。见义不为,无勇也。"

八佾篇第三

孔子谓季氏,"八佾舞于庭,是可忍也,孰不可忍也?"

三家者以《雍》彻。子曰:"'相维辟公,天子穆穆',奚取于三家之堂?"

子曰:"人而不仁,如礼何?人而不仁,如乐何?"

林放问礼之本。子曰："大哉问！礼，与其奢也，宁俭。丧，与其易也，宁戚。"

子曰："夷狄之有君，不如诸夏之亡也。"

季氏旅于泰山。子谓冉有曰："女弗能救与？"对曰："不能。"子曰："呜呼！曾谓泰山不如林放乎？"

子曰："君子无所争。必也射乎！揖让而升，下而饮。其争也君子。"

子夏问曰："'巧笑倩兮，美目盼兮，素以为绚兮'。何谓也？"子曰："绘事后素。"

曰："礼后乎？"子曰："起予者商也！始可与言《诗》已矣。"

子曰："夏礼，吾能言之，杞不足征也。殷礼，吾能言之，宋不足征也。文献不足故也。足，则吾能征之矣。"

子曰："禘自既灌而往者，吾不欲观之矣。"

或问禘之说。子曰："不知也。知其说者之于天下也，其如示诸斯乎！"指其掌。

祭如在，祭神如神在。子曰："吾不与祭，如不祭。"

王孙贾问曰："与其媚于奥，宁媚于灶，何谓也?"子曰："不然。获罪于天，无所祷也。"

子曰："周监于二代，郁郁乎文哉！吾从周。"

子入大庙，每事问。或曰："孰谓鄹人之子知礼乎?入大庙，每事问。"子闻之，曰："是礼也。"

子曰："射不主皮，为力不同科，古之道也。"

子贡欲去告朔之饩羊。子曰："赐也！尔爱其羊，我爱其礼。"

子曰："事君尽礼，人以为谄也。"

定公问："君使臣，臣事君，如之何?"孔子对曰："君使臣以礼，臣事君以忠。"

子曰："《关雎》乐而不淫，哀而不伤。"

61

哀公问社于宰我。宰我对曰："夏后氏以松，殷人以柏，周人以栗，曰使民战栗。"子闻之，曰："成事不说，遂事不谏，既往不咎。"

子曰："管仲之器小哉！

或曰："管仲俭乎？"曰："管氏有三归，官事不摄，焉得俭？"

"然则管仲知礼乎？"曰："邦君树塞门，管氏亦树塞门。邦君为两君之好，有反坫，管氏亦有反坫。管氏而知礼，孰不知礼？"

子语鲁大师乐，曰："乐其可知也：始作，翕如也；从之，纯如也，皦如也，绎如也，以成。"

仪封人请见，曰："君子之至于斯也，吾未尝不得见也。"从者见之。出曰："二三子何患于丧乎？天下之无道也久矣，天将以夫子为木铎。"

子谓《韶》，"尽美矣，又尽善也"，谓《武》，"尽美矣，未尽善也"。

子曰："居上不宽，为礼不敬，临丧不哀，吾何以观之哉？"

里仁篇第四

子曰："里仁为美。择不处仁，焉得知？"

子曰："不仁者不可以久处约，不可以长处乐。仁者安仁，知者利仁。"

子曰："唯仁者能好人，能恶人。"

子曰："苟志于仁矣，无恶也。"

子曰："富与贵，是人之所欲也；不以其道得之，不处也。贫与贱，是人之所恶也；不以其道得之，不去也。君子去仁，恶乎成名？君子无终食之间违仁，造次必于是，颠沛必于是。"

子曰："我未见好仁者，恶不仁者。好仁者，无以尚之；恶不仁者，其为仁矣，不使不仁者加乎其身。有能一日用其力于仁矣乎？我未见力不足者。盖有之矣，我未之见也。"

63

子曰："人之过也，各于其党。观过，斯知仁矣。"

子曰："朝闻道，夕死可矣。"

子曰："士志于道，而耻恶衣恶食者，未足与议也。"

子曰："君子之于天下也，无适也，无莫也，义之与比。"

子曰："君子怀德，小人怀土；君子怀刑，小人怀惠。"

子曰："放于利而行，多怨。"

子曰："能以礼让为国乎？何有？不能以礼让为国，如礼何？"

子曰："不患无位，患所以立。不患莫己知，求为可知也。"

子曰："参乎！吾道一以贯之。曾子曰："唯。"

子出，门人问曰："何谓也？"曾子曰："夫子之道，忠恕而已矣。"

64

子曰：“君子喻于义，小人喻于利。”

子曰：“见贤思齐焉，见不贤而内自省也。”

子曰：“事父母几谏，见志不从，又敬不违，劳而不怨。”

子曰：“父母在，不远游，游必有方。”

子曰：“三年无改于父之道，可谓孝矣。”

子曰：“父母之年，不可不知也。一则以喜，一则以惧。”

子曰：“古者言之不出，耻躬之不逮也。”

子曰：“以约失之者鲜矣。”

子曰：“君子欲讷于言而敏于行。”

子曰：“德不孤，必有邻。”

子游曰：“事君数，斯辱矣。朋友数，斯疏矣。”

公冶长篇第五

子谓公冶长：“可妻也。虽在缧绁之中，非其罪也。”以其子妻之。

子谓南容："邦有道，不废；邦无道，免于刑戮。"
以其兄之子妻之。

子谓子贱："君子哉若人！鲁无君子者，
斯焉取斯？"

子贡问曰："赐也何如？"子曰："女，器也。"
曰："何器也？"曰："瑚琏也。"

或曰："雍也仁而不佞。"子曰："焉用佞？
御人以口给，屡憎于人。不知其仁，焉用佞？"

子使漆雕开仕。对曰："吾斯之未能信。"子说。

子曰："道不行，乘桴浮于海。从我者，其由与？"

子路闻之喜。子曰："由也好勇过我，无所取材。"

孟武伯问："子路仁乎？"子曰："不知也。"又问。

子曰："由也，千乘之国，可使治其赋也，不知其仁也。"

"求也何如？"子曰："求也，千室之邑，百乘之家，
可使为之宰也，不知其仁也。"

赤也何如?"子曰:"赤也,束带立于朝,可使与宾客言也,不知其仁也。"

子谓子贡曰:"女与回也孰愈?"对曰:"赐也何敢望回?回也闻一以知十,赐也闻一以知二。"

子曰:"弗如也,吾与女弗如也。"

宰予昼寝。子曰:"朽木不可雕也,粪土之墙不可圬也。于予与何诛?"子曰:"始吾于人也,听其言而信其行;今吾于人也,听其言而观其行。于予与改是。"

子曰:"吾未见刚者。"或对曰:"申枨"子曰:"枨也欲,焉得刚?"

子贡曰:"我不欲人之加诸我也,吾亦欲无加诸人。"子曰:"赐也,非尔所及也。"

子贡曰:"夫子之文章,可得而闻也。夫子之言性与天道,不可得而闻也。"

子路有闻,未之能行,惟恐有闻。

子贡问曰：“孔文子何以谓之‘文’也?”子曰：

“敏而好学，不耻下问，是以谓之‘文’也。”

子谓子产：“有君子之道四焉：其行己也恭，其事

上也敬，其养民也惠，其使民也义。”

子曰：“晏平仲善与人交，久而敬之。”

子曰：“臧文仲居蔡，山节藻棁，何如其知也？”

子张问曰：“令尹子文三仕为令尹，无喜色；

三已之，无愠色。旧令尹之政，必以告新令尹。何如?”

子曰：“忠矣”。曰：“仁矣乎?”曰：“未知，焉得仁?”

“崔子弑齐君，陈文子有马十乘，弃而违之。

至于他邦，则曰：‘犹吾大夫崔子也。’违之。之一邦，

则又曰：‘犹吾大夫崔子也。’违之。何如?子曰：

“清矣。”曰：“仁矣乎?”曰：“未知，焉得仁?”

季文子三思而后行。子闻之，曰：“再，斯可矣。”

子曰：“宁武子，邦有道，则知；邦无道，则愚。

其知可及也，其愚不可及也。”

68

子在陈，曰："归与！归与！吾党之小子狂简，斐然成章，不知所以裁之。"

子曰："伯夷、叔齐不念旧恶，怨是用希。"

子曰："孰谓微生高直？或乞醯焉，乞诸其邻而与之。"

子曰："巧言、令色、足恭，左丘明耻之，丘亦耻之。匿怨而友其人，左丘明耻之，丘亦耻之。"

颜渊、季路侍。子曰："盍各言尔志？"

子路曰："愿车马，衣轻裘，与朋友共。敝之而无憾。"

颜渊曰："愿无伐善，无施劳。"

子路曰："愿闻子之志。"

子曰："老者安之，朋友信之，少者怀之。"

子曰："已矣乎！吾未见能见其过而内自讼者也。"

子曰："十室之邑，必有忠信如丘者焉，不如丘之好学也。"

雍也篇第六

子曰："雍也可使南面。"

仲弓问子桑伯子，子曰："可也，简。"

仲弓曰："居敬而行简，以临其民，不亦可乎？居简而行简，无乃太简乎？"子曰："雍之言然。"

哀公问："弟子孰为好学？"孔子对曰："有颜回者好学，不迁怒，不贰过。不幸短命死矣。今也则亡，未闻好学者也。"

子华使于齐，冉子为其母请粟。子曰："与之釜。"

请益，曰："与之庾。"

冉子与之粟五秉。

子曰："赤之适齐也，乘肥马，衣轻裘。吾闻之也：君子周急不继富。"

原思为之宰，与之粟九百，辞。子曰："毋！
以与尔邻里乡党乎！"

子谓仲弓，曰："犁牛之子骍且角，虽欲勿用，
山川其舍诸？"

子曰："回也，其心三月不违仁，其余则日月
至焉而已矣。"

季康子问："仲由可使从政也与？"子曰："由也果，
于从政乎何有？"

曰："赐也可使从政也与？"曰："赐也达，
于从政乎何有？"

曰："求也可使从政也与？"曰："求也艺，
于从政乎何有？"

季氏使闵子骞为费宰。闵子骞曰："善为我辞焉！
如有复我者，则吾必在汶上矣。"

伯牛有疾，子问之，自牖执其手，曰："亡之，
命矣夫！斯人也而有斯疾也！斯人也而有斯疾也！"

71

子曰：“贤哉，回也！一箪食，一瓢饮，在陋巷，人不堪其忧，回也不改其乐。贤哉，回也！”

冉求曰：“非不说子之道，力不足也。”子曰：“力不足者，中道而废。今女画。”

子谓子夏曰：“女为君子儒，无为小人儒！”

子游为武城宰。子曰：“女得人焉尔乎?”曰：“有澹台灭明者，行不由径，非公事，未尝至于偃之室也。”

子曰：“孟之反不伐，奔而殿，将入门，策其马，曰：‘非敢后也，马不进也！’”

子曰：“不有祝鮀之佞，而有宋朝之美，难乎免于今之世矣。”

子曰：“谁能出不由户?何莫由斯道也？”

子曰：“质胜文则野，文胜质则史。文质彬彬，然后君子。”

子曰：“人之生也直，罔之生也幸而免。”

子曰:"知之者不如好之者,好之者不如乐之者。"

子曰:"中人以上,可以语上也;中人以下,不可以语上也。"

樊迟问知。子曰:"务民之义,敬鬼神而远之,可谓知矣。"

问仁。曰:"仁者先难而后获,可谓仁矣。"

子曰:"知者乐水,仁者乐山。知者动,仁者静。知者乐,仁者寿。"

子曰:"齐一变,至于鲁;鲁一变,至于道。"

子曰:"觚不觚,觚哉!觚哉!"

宰我问曰:"仁者,虽告之曰:'井有仁焉',其从之也?"子曰:"何为其然也?君子可逝也,不可陷也;可欺也,不可罔也。"

子曰:"君子博学于文,约之以礼,亦可以弗畔矣夫。"

子见南子,子路不说。夫子矢之曰:"予所否者,天厌之!天厌之!"

子曰：“中庸之为德也，其至矣乎！民鲜久矣。”

子贡曰：“如有博施于民而能济众，何如？可谓仁乎？”子曰：“何事于仁！必也圣乎！尧、舜其犹病诸！夫仁者，己欲立而立人，己欲达而达人。能近取譬，可谓仁之方也已。”

述而篇第七

子曰：“述而不作，信而好古，窃比于我老彭。”

子曰：“默而识之，学而不厌，诲人不倦，何有于我哉？”

子曰：“德之不修，学之不讲，闻义不能徙，不善不能改，是吾忧也。”

子之燕居，申申如也，夭夭如也。

子曰：“甚矣吾衰也！久矣吾不复梦见周公！”

子曰：“志于道，据于德，依于仁，游于艺。”

子曰：“自行束脩以上，吾未尝无诲焉。”

子曰：“不愤不启，不悱不发。举一隅不以三隅反，则不复也。”

子食于有丧者之侧，未尝饱也。

子于是日哭，则不歌。

子谓颜渊曰："用之则行，舍之则藏，惟我与尔有是夫。"

子路曰："子行三军，则谁与?"

子曰："暴虎冯河，死而无悔者，吾不与也。必也临事而惧，好谋而成者也。"

子曰："富而可求也，虽执鞭之士，吾亦为之。如不可求，从吾所好。"

子之所慎：齐，战，疾。

子在齐闻韶，三月不知肉味，曰："不图为乐之至于斯也。"

冉有曰："夫子为卫君乎?"子贡曰："诺，吾将问之。"

入，曰："伯夷、叔齐何人也?"曰："古之贤人也。"曰："怨乎?"曰："求仁而得仁，又何怨?"

出，曰："夫子不为也。"

子曰："饭疏食饮水，曲肱而枕之，乐亦在其中矣。不义而富且贵，于我如浮云。"

子曰："加我数年，五十以学《易》，可以无大过矣。"

子所雅言：《诗》《书》、执礼，皆雅言也。

叶公问孔子于子路，子路不对。

子曰："女奚不曰：'其为人也，发愤忘食，乐以忘忧，不知老之将至云尔。'"

子曰："我非生而知之者，好古，敏以求之者也。"

子不语怪、力、乱、神。

子曰："三人行，必有我师焉。择其善者而从之，其不善者而改之。"

子曰："天生德于予，桓魋其如予何?"

子曰："二三子以我为隐乎?吾无隐乎尔。吾无行而不与二三子者，是丘也。"

子以四教：文、行、忠、信。

子曰："圣人，吾不得而见之矣；得见君子者，斯可矣。"

子曰："善人，吾不得而见之矣；得见有恒者，斯可矣。亡而为有，虚而为盈，约而为泰，难乎有恒矣。"

子钓而不纲，弋不射宿。

子曰："盖有不知而作之者，我无是也。多闻，则其善者而从之；多见而识之；知之次也。"

互乡难与言，童子见，门人惑。子曰："与其进也，不与其退也。唯何甚？人洁己以进，与其洁也，不保其往也。"

子曰："仁远乎哉？我欲仁，斯仁至矣。"

陈司败问："昭公知礼乎？"孔子曰："知礼。"

孔子退，揖巫马期而进之，曰："吾闻君子不党，君子亦党乎？君取于吴，为同姓，谓之吴孟子。君而知礼，孰不知礼？"

巫马期以告。子曰:"丘也幸,苟有过,人必知之。"

子与人歌而善,必使反之,而后和之。

子曰:"文,莫吾犹人也。躬行君子,则吾未之有得。"

子曰:"若圣与仁,则吾岂敢?抑为之不厌,诲人不倦,则可谓云尔已矣。"公西华曰:"正唯弟子不能学也。"

子疾病,子路请祷。子曰:"有诸?"子路对曰:"有之。《诔》曰:'祷尔于上下神祇。'"子曰:"丘之祷久矣。"

子曰:"奢则不孙,俭则固。与其不孙也,宁固。"

子曰:"君子坦荡荡,小人长戚戚。"

子温而厉,威而不猛,恭而安。

泰伯篇第八

子曰:"泰伯,其可谓至德也已矣。三以天下让,民无得而称焉。"

子曰："恭而无礼则劳，慎而无礼则葸，勇而无礼则乱，直而无礼则绞。君子笃于亲，则民兴于仁；故旧不遗，则民不偷。"

曾子有疾，召门弟子曰："启予足！启予手！《诗》云：'战战兢兢，如临深渊，如履薄冰。'而今而后，吾知免夫！小子！"

曾子有疾，孟敬子问之。曾子言曰："鸟之将死，其鸣也哀。人之将死，其言也善。君子所贵乎道者三：动容貌，斯远暴慢矣；正颜色，斯近信矣；出辞气，斯远鄙倍矣。笾豆之事，则有司存。"

曾子曰："以能问于不能，以多问于寡；有若无，实若虚，犯而不校。昔者吾友尝从事于斯矣。"

曾子曰："可以托六尺之孤，可以寄百里之命，临大节而不可夺也，君子人与？君子人也。"

曾子曰："士不可以不弘毅，任重而道远。仁以为己任，不亦重乎？死而后已，不亦远乎？"

子曰：“兴于诗，立于礼，成于乐。”

子曰：“民可使由之，不可使知之。”

子曰：“好勇疾贫，乱也。人而不仁，疾之已甚，乱也。”

子曰：“如有周公之才之美，使骄且吝，其余不足观也已。”

子曰：“三年学，不至于谷，不易得也。”

子曰：“笃信好学，守死善道。危邦不入，乱邦不居。天下有道则见，无道则隐。邦有道，贫且贱焉，耻也；邦无道，富且贵焉，耻也。”

子曰：“不在其位，不谋其政。”

子曰：“师挚之始，《关雎》之乱，洋洋乎盈耳哉！”

子曰：“狂而不直，侗而不愿，悾悾而不信，吾不知之矣。”

子曰：“学如不及，犹恐失之。”

子曰：“巍巍乎！舜、禹之有天下也而不与焉。”

子曰："大哉！尧之为君也！巍巍乎！唯天为大，唯尧则之。荡荡乎！民无能名焉。巍巍乎其有成功也，焕乎其有文章！"

舜有臣五人而天下治。武王曰："予有乱臣十人。"孔子曰："才难，不其然乎？唐、虞之际，于斯为盛。有妇人焉，九人而已。三分天下有其二，以服事殷。周之德，其可谓至德也已矣。"

子曰："禹，吾无间然矣。菲饮食而致孝乎鬼神，恶衣服而致美乎黻冕，卑宫室而尽力乎沟洫。禹，吾无间然矣。"

子罕篇第九

子罕言利与命与仁。

达巷党人曰："大哉孔子！博学而无所成名。"子闻之，谓门弟子曰："吾何执？执御乎？执射乎？吾执御矣。"

子曰："麻冕，礼也。今也纯，俭，吾从众。拜下，礼也。今拜乎上，泰也。虽违众，吾从下。"

子绝四：毋意，毋必，毋固，毋我。

子畏于匡。曰："文王既没，文不在兹乎？天之将丧斯文也，后死者不得与于斯文也。天之未丧斯文也，匡人其如予何？"

太宰问于子贡曰："夫子圣者与？何其多能也？"

子贡曰："固天纵之将圣，又多能也。"

子闻之，曰："太宰知我乎！吾少也贱，故多能鄙事。君子多乎哉？不多也。"

牢曰："子云：'吾不试，故艺。'"

子曰："吾有知乎哉？无知也。有鄙夫问于我，空空如也。我叩其两端而竭焉。"

子曰："凤鸟不至，河不出图，吾已矣夫！"

子见齐衰者、冕衣裳者与瞽者，见之，虽少，必作，过之，必趋。

颜渊喟然叹曰："仰之弥高，钻之弥坚。瞻之在前，忽焉在后。夫子循循然善诱人，博我以文，约我以礼。

欲罢不能。既竭吾才，如有所立卓尔。虽欲从之，

末由也已。"

子疾病，子路使门人为臣。病间，曰："久矣哉，

由之行诈也！无臣而为有臣。吾谁欺？欺天乎？且予与

其死于臣之手也，无宁死于二三子之手乎！且予纵

不得大葬，予死于道路乎？"

子贡曰："有美玉于斯，韫椟而藏诸？求善贾

而沽诸？"子曰："沽之哉！沽之哉！我待贾者也。"

子欲居九夷。或曰："陋，如之何？"子曰：

"君子居之，何陋之有？"

子曰："吾自卫反鲁，然后乐正，《雅》《颂》

各得其所。"

子曰："出则事公卿，入则事父兄，丧事不敢不勉，

不为酒困，何有于我哉？"

子在川上，曰："逝者如斯夫！不舍昼夜。"

子曰："吾未见好德如好色者也。"

子曰："譬如为山，未成一篑，止，吾止也。譬如平地，虽覆一篑，进，吾往也。"

子曰："语之而不惰者，其回也与！"

子谓颜渊，曰："惜乎！吾见其进也，未见其止也。"

子曰："苗而不秀者有矣夫！秀而不实者有矣夫！"

子曰："后生可畏，焉知来者之不如今也？四十、五十而无闻焉，斯亦不足畏也已。"

子曰："法语之言，能无从乎？改之为贵。巽与之言，能无说乎？绎之为贵。说而不绎，从而不改，吾未如之何也已矣。"

子曰："主忠信，毋友不如己者，过则勿惮改。"

子曰："三军可夺帅也，匹夫不可夺志也。"

子曰："衣敝缊袍，与衣狐貉者立，而不耻者，其由也与？'不忮不求，何用不臧。'"子路终身诵之。

子曰："是道也，何足以臧？"

子曰："岁寒，然后知松柏之后雕也。"

子曰："知者不惑，仁者不忧，勇者不惧。"

子曰："可与共学，未可与适道；可与适道，未可与立；可与立，未可与权。"

"唐棣之华，偏其反而。岂不尔思？室是远而。"

子曰："未之思也，夫何远之有？"

乡党篇第十

孔子于乡党，恂恂如也，似不能言者。

其在宗庙朝廷，便便言，唯谨尔。

朝，与下大夫言，侃侃如也；与上大夫言，訚訚如也。君在，踧踖如也，与与如也。

君召使摈，色勃如也，足躩如也。揖所与立，左右手，衣前后，襜如也。趋进，翼如也。宾退，必复命曰："宾不顾矣。"

入公门，鞠躬如也，如不容。

立不中门，行不履阈。

过位，色勃如也，足躩如也，其言似不足者。

摄齐升堂，鞠躬如也，屏气似不息者。

出，降一等，逞颜色，怡怡如也。

没阶，趋进，翼如也。

复其位，踧踖如也。

执圭，鞠躬如也，如不胜。上如揖，下如授。

勃如战色，足蹜，蹜如有循。

享礼，有容色。

私觌，愉愉如也。

君子不以绀緅饰，红紫不以为亵服。

当暑，袗絺绤，必表而出之。

缁衣，羔裘；素衣，麑裘；黄衣，狐裘。

亵裘长，短右袂。

必有寝衣，长一身有半。

狐貉之厚以居。

去丧，无所不佩。

非帷裳，必杀之。

羔裘玄冠不以吊。

吉月，必朝服而朝。

齐，必有明衣，布。

齐必变食，居必迁坐。

食不厌精，脍不厌细。

食饐而餲，鱼馁而肉败，不食。色恶，不食。臭恶，不食。失饪，不食。不时，不食。割不正，不食。

不得其酱，不食。

肉虽多，不使胜食气。惟酒无量，不及乱。

沽酒市脯不食。

不撤姜食，不多食。

祭于公，不宿肉。祭肉不出三日。出三日，不食之矣。

食不语，寝不言。

虽疏食菜羹，瓜祭，必齐如也。

席不正，不坐。

乡人饮酒，杖者出，斯出矣。

乡人傩，朝服而立于阼阶。

问人于他邦，再拜而送之。

康子馈药，拜而受之。曰："丘未达，不敢尝。"

厩焚。子退朝，曰："伤人乎?"不问马。

君赐食，必正席先尝之。君赐腥，必熟而荐之。

君赐生，必畜之。

侍食于君，君祭，先饭。

疾，君视之，东首，加朝服，拖绅。

君命召，不俟驾行矣。

入太庙，每事问。

朋友死，无所归，曰："于我殡。"

朋友之馈，虽车马，非祭肉，不拜。

寝不尸，居不容。

见齐衰者，虽狎必变。见冕者与瞽者，虽亵必以貌。

凶服者式之。式负版者。

有盛馔，必变色而作。

迅雷风烈必变。

升车，必正立，执绥。

车中不内顾，不疾言，不亲指。

色斯举矣，翔而后集。曰："山梁雌雉，时哉时哉!"

子路共之，三嗅而作。

先进篇第十一

子曰："先进于礼乐，野人也;后进于礼乐，君子也。

如用之，则吾从先进。"

子曰："从我于陈、蔡者，皆不及门也。

德行:颜渊，闵子骞，冉伯牛，仲弓。言语:宰我，

子贡。政事:冉有，季路。文学:子游，子夏。"

子曰:"回也非助我者也，于吾言无所不说。"

子曰:"孝哉闵子骞! 人不间于其父母昆弟之言。"

南容三复白圭，孔子以其兄之子妻之。

季康子问：“弟子孰为好学？”孔子对曰：

“有颜回者好学，不幸短命死矣，今也则亡。”

颜渊死，颜路请子之车以为之椁。子曰：“才不才，

亦各言其子也。鲤也死，有棺而无椁。吾不徒行

以为之椁。以吾从大夫之后，不可徒行也。”

颜渊死。子曰：“噫！天丧予！天丧予！”

颜渊死，子哭之恸。从者曰：“子恸矣！”曰：

“有恸乎？”“非夫人之为恸而谁为？”

颜渊死，门人欲厚葬之。子曰：“不可。”

门人厚葬之。子曰：“回也视予犹父也，

予不得视犹子也。非我也，夫二三子也。”

季路问事鬼神。子曰：“未能事人，焉能事鬼？”

曰：“敢问死。”曰：“未知生，焉知死？”

闵子侍侧，訚訚如也；子路，行行如也；冉有、

子贡，侃侃如也。子乐。“若由也，不得其死然。”

鲁人为长府。闵子骞曰：“仍旧贯，如之何？

何必改作？”子曰：“夫人不言，言必有中。”

子曰："由之瑟奚为于丘之门？"门人不敬子路。

子曰："由也升堂矣，未入于室也。"

子贡问："师与商也孰贤？"子曰："师也过，商也不及。"

曰："然则师愈与？"子曰："过犹不及。"

季氏富于周公，而求也为之聚敛而附益之。子曰："非吾徒也。小子鸣鼓而攻之，可也。"

柴也愚，参也鲁，师也辟，由也喭。

子曰："回也其庶乎，屡空。赐不受命，而货殖焉，亿则屡中。"

子张问善人之道。子曰："不践迹，亦不入于室。"

子曰："论笃是与，君子者乎？色庄者乎？"

子路问："闻斯行诸？"子曰："有父兄在，如之何闻斯行之？"

冉有问："闻斯行诸？"子曰："闻斯行之。"

公西华曰："由也问闻斯行诸，子曰'有父兄在'；求也问闻斯行诸，子曰'闻斯行之'。赤也惑，敢问。"

子曰："求也退，故进之。由也兼人，故退之。"

子畏于匡，颜渊后。子曰："吾以汝为死矣。"

曰："子在，回何敢死？"

季子然问："仲由、冉求可谓大臣与？"子曰：

"吾以子为异之问，曾由与求之问。所谓大臣者，

以道事君，不可则止。今由与求也，可谓具臣矣。"

曰："然则从之者与？"子曰："弑父与君，

亦不从也。"

子路使子羔为费宰。子曰："贼夫人之子。"

子路曰："有民人焉，有社稷焉，何必读书，

然后为学？"

子曰："是故恶夫佞者。"

子路、曾皙、冉有、公西华侍坐。

子曰："以吾一日长乎尔，毋吾以也。居则曰：

'不吾知也！'如或知尔，则何以哉？"

子路率尔对曰："千乘之国，摄乎大国之间，加之以师旅，因之以饥馑，由也为之，比及三年，可使有勇，且知方也。"

夫子哂之。

"求！尔何如?"

对曰:"方六七十，如五六十，求也为之,比及三年,可使足民。如其礼乐，以俟君子。"

"赤！尔何如?"

对曰："非曰能之，愿学焉。宗庙之事，如会同，端章甫，愿为小相焉。"

"点！尔何如?"

鼓瑟希，铿尔，舍瑟而作，对曰："异乎三子者之撰。"

子曰："何伤乎?亦各言其志也。"

曰："莫春者，春服既成，冠者五六人，童子六七人，浴乎沂，风乎舞雩，咏而归。"

93

夫子喟然叹曰："吾与点也！"

三子者出，曾皙后。曾皙曰："夫三子者之言何如？"

子曰："亦各言其志也已矣。"

曰："夫子何哂由也？"

曰："为国以礼，其言不让，是故哂之。"

"唯求则非邦也与？"

"安见方六七十如五六十而非邦也者？"

"唯赤则非邦也与？"

"宗庙会同，非诸侯而何？赤也为之小，孰能为之大？"

颜渊篇第十二

颜渊问仁。子曰："克己复礼为仁。一日克己复礼，天下归仁焉。为仁由己，而由人乎哉？"

颜渊曰："请问其目。"子曰："非礼勿视，非礼勿听，非礼勿言，非礼勿动。"

颜渊曰：“回虽不敏，请事斯语矣。”

仲弓问仁。子曰：“出门如见大宾，使民如承大祭。己所不欲，勿施于人。在邦无怨，在家无怨。”

仲弓曰：“雍虽不敏，请事斯语矣。”

司马牛问仁。子曰：“仁者，其言也讱。”

曰：“其言也讱，斯谓之仁已乎?”子曰：“为之难，言之得无讱乎?”

司马牛问君子。子曰：“君子不忧不惧。”

曰：“不忧不惧，斯谓之君子已乎?”子曰：“内省不疚，夫何忧何惧?”

司马牛忧曰：“人皆有兄弟，吾独亡。”子夏曰：“商闻之矣：死生有命，富贵在天。君子敬而无失，与人恭而有礼。四海之内，皆兄弟也。君子何患乎无兄弟也?”

子张问明。子曰：“浸润之谮，肤受之愬，不行焉，可谓明也已矣。浸润之谮，肤受之愬，不行焉，可谓远也已矣。”

子贡问政。子曰："足食，足兵，民信之矣。"

子贡曰："必不得已而去，于斯三者何先？"

曰："去兵。"

子贡曰："必不得已而去，于斯二者何先？"

曰："去食。自古皆有死，民无信不立。"

棘子成曰："君子质而已矣，何以文为？"子贡曰：

"惜乎，夫子之说君子也。驷不及舌。文犹质也，

质犹文也。虎豹之鞟犹犬羊之鞟。"

哀公问与有若曰："年饥，用不足，如之何？"

有若对曰："盍彻乎？"

曰："二，吾犹不足，如之何其彻也？"对曰：

"百姓足，君孰与不足？百姓不足，君孰与足？"

子张问崇德辨惑。子曰："主忠信，徙义，崇德也。

爱之欲其生，恶之欲其死。既欲其生，又欲其死，

是惑也。'诚不以富，以祇以异。'"

齐景公问政于孔子。孔子对曰："君君，臣臣，父父，子子。"公曰："善哉！信如君不君，臣不臣，父不父，子不子，虽有粟，吾得而食诸？"

子曰："片言可以折狱者，其由也与？

子路无宿诺。"

子曰："听讼，吾犹人也。必也使无讼乎！"

子张问政。子曰："居之无倦，行之以忠。"

子曰："博学于文，约之以礼，亦可以弗畔矣夫。"

子曰："君子成人之美，不成人之恶。小人反是。"

季康子问政于孔子。孔子对曰："政者，正也。子帅以正，孰敢不正？"

季康子患盗，问与孔子。孔子对曰："苟子之不欲，虽赏之不窃。"

季康子问政于孔子曰："如杀无道，以就有道，何如？"孔子对曰："子为政，焉用杀？子欲善而民善矣。君子之德风，小人之德草。草上之风，必偃。"

子张问：“士何如斯可谓之达矣？”子曰：“何哉，尔所谓达者？”子张对曰：“在邦必闻，在家必闻。”子曰：“是闻也，非达也。夫达也者，质直而好义，察言而观色，虑以下人。在邦必达，在家必达。夫闻也者，色取仁而行违，居之不疑。在邦必闻，在家必闻。”

樊迟从游于舞雩之下，曰：“敢问崇德，修慝，辨惑。”子曰：“善哉问！先事后得，非崇德与？攻其恶，无攻人之恶，非修慝与？一朝之忿，忘其身，以及其亲，非惑与？”

樊迟问仁。子曰：“爱人。”问知。子曰：“知人。”樊迟未达。子曰：“举直错诸枉，能使枉者直。”樊迟退，见子夏曰：“乡也吾见于夫子而问知，子曰：‘举直错诸枉，能使枉者直。’何谓也？”子夏曰：“富哉言乎！舜有天下，选于众，举皋陶，不仁者远矣。汤有天下，选于众，举伊尹，不仁者远矣。”

子贡问友。子曰："忠告而善道之，不可则止，毋自辱焉。"

曾子曰："君子以文会友，以友辅仁。"

子路篇第十三

子路问政。子曰："先之劳之。"请益。曰："无倦。"

仲弓为季氏宰，问政。子曰："先有司，赦小过，举贤才。"

曰："焉知贤才而举之?"子曰："举尔所知。尔所不知，人其舍诸?"

子路曰："卫君待子而为政，子将奚先?"

子曰："必也正名乎!"

子路曰："有是哉，子之迂也! 奚其正?"

子曰："野哉，由也!君子于其所不知，盖阙如也。名不正，则言不顺;言不顺，则事不成;事不成，则礼乐不兴;礼乐不兴，则刑罚不中;刑罚不中，则民无所措手足。故君子名之必可言也，言之必可行也。君子于其言，无所苟而已矣。"

樊迟请学稼。子曰："吾不如老农。"请学为圃。曰："吾不如老圃。"

樊迟出。子曰："小人哉，樊须也！上好礼，则民莫敢不敬；上好义，则民莫敢不服；上好信，则民莫敢不用情。夫如是，则四方之民襁负其子而至矣，焉用稼？"

子曰："诵《诗》三百，授之以政，不达；使于四方，不能专对；虽多，亦奚以为？"

子曰："其身正，不令而行；其身不正，虽令不从。"

子曰："鲁、卫之政，兄弟也。"

子谓卫公子荆："善居室。始有，曰：'苟合矣。'少有，曰：'苟完矣。'富有，曰：'苟美矣。'"

子适卫，冉有仆。子曰："庶矣哉！"

冉有曰："既庶矣，又何加焉？"曰："富之。"

曰："既富矣，又何加焉？"曰："教之。"

子曰："苟有用我者，期月而已可也，三年有成。"

子曰："'善人为邦百年，亦可以胜残去杀矣。'诚哉是言也！"

子曰："如有王者，必世而后仁。"

子曰："苟正其身矣，于从政乎何有？不能正其身，如正人何？"

冉子退朝。子曰："何晏也？"对曰："有政。"

子曰："其事也。如有政，虽不吾以，吾其与闻之。"

定公问："一言而可以兴邦，有诸？"

孔子对曰："言不可以若是其几也。人之言曰：'为君难，为臣不易。'如知为君之难也，不几乎一言而兴邦乎？"

曰："一言而丧邦，有诸？"

孔子对曰："言不可以若是其几也。人之言曰：'予无乐乎为君，唯其言而莫予违也。'如其善

ér mò zhī wéi yě　　bù yì shàn hū　rú bú shàn ér mò zhī wéi yě
而莫之违也，不亦善乎？如不善而莫之违也，

bù jī hū yì yán ér sàngbāng hū
不几乎一言而丧邦乎？"

yè gōng wèn zhèng　zǐ yuē　　jìn zhě shuō　yuǎn zhě lái
叶公问政。子曰："近者说，远者来。"

zǐ xià wéi jǔ fù zǎi　wèn zhèng　zǐ yuē　wú yù sù　wú jiànxiǎo lì
子夏为莒父宰，问政。子曰："无欲速，无见小利。

yù sù zé bù dá　jiànxiǎo lì zé dà shì bù chéng
欲速则不达，见小利则大事不成。"

yè gōng yǔ kǒng zǐ yuē　　wú dǎng yǒu zhí gōng zhě　qí fù rǎngyáng
叶公语孔子曰："吾党有直躬者，其父攘羊，

ér zǐ zhèng zhī　　kǒng zǐ yuē　　wú dǎng zhī zhí zhě yì yú shì　fù wéi zǐ
而子证之。"孔子曰："吾党之直者异于是。父为子

yǐn　　zǐ wéi fù yǐn　zhí zài qí zhōng yǐ
隐，子为父隐，直在其中矣。"

fán chí wèn rén　zǐ yuē　　jū chù gōng　zhí shì jìng　yǔ rén zhōng
樊迟问仁。子曰："居处恭，执事敬，与人忠。

suī zhī yí dí　bù kě qì yě
虽之夷狄，不可弃也。"

zǐ gòng wèn yuē　hé rú sī kě wèi zhī shì yǐ　　zǐ yuē　xíng jǐ
子贡问曰："何如斯可谓之士矣？"子曰："行己

yǒu chǐ　shǐ yú sì fāng　bù rǔ jūn mìng　kě wèi shì yǐ
有耻，使于四方，不辱君命，可谓士矣。"

yuē　gǎn wèn qí cì　yuē　zōng zú chēngxiào yān　xiāngdǎngchēng dì
曰："敢问其次。"曰："宗族称孝焉，乡党称弟

yān
焉。"

yuē　gǎn wèn qí cì　yuē　yán bì xìn　xíng bì guǒ
曰："敢问其次。"曰："言必信，行必果，

kēngkēng rán xiǎo rén zāi　yì yì kě yǐ wéi cì yǐ
硁硁然小人哉！抑亦可以为次矣。"

曰:"今之从政者何如?"子曰:"噫!斗筲之人,何足算也!"

子曰:"不得中行而与之,必也狂狷乎!狂者进取,狷者有所不为也。"

子曰:"南人有言曰:'人而无恒,不可以作巫医。'善夫!"

"不恒其德,或承之羞。"子曰:"不占而已矣。"

子曰:"君子和而不同,小人同而不和。"

子贡问曰:"乡人皆好之,何如?"子曰:"未可也。"

"乡人皆恶之,何如?"子曰:"未可也。不如乡人之善者好之,其不善者恶之。"

子曰:"君子易事而难说也。说之不以道,不说也。及其使人也,器之。小人难事而易说也。说之虽不以道,说也。及其使人也,求备焉。"

子曰:"君子泰而不骄,小人骄而不泰。"

子曰："刚、毅、木、讷近仁。"

子路问曰："何如斯可谓之士矣?"子曰："切切偲偲，怡怡如也，可谓士矣。朋友切切偲偲，兄弟怡怡。"

子曰："善人教民七年，亦可以即戎矣。"

子曰："以不教民战，是谓弃之。"

宪问篇第十四

宪问耻。子曰："邦有道，谷。邦无道，谷，耻也。"

"克、伐、怨、欲不行焉，可以为仁矣?"子曰："可以为难矣，仁则吾不知也。"

子曰："士而怀居，不足以为士矣。"

子曰："邦有道，危言危行；邦无道，危行言孙。"

子曰："有德者必有言，有言者不必有德。仁者必有勇，勇者不必有仁。"

南宫适问于孔子曰："羿善射，奡荡舟，俱不得其死然。禹、稷躬稼而有天下。"夫子不答。

南宫适出，子曰："君子哉若人！尚德哉若人！"

子曰："君子而不仁者有矣夫，未有小人而仁者也。"

子曰："爱之，能勿劳乎？忠焉，能勿诲乎？"

子曰："为命，裨谌草创之，世叔讨论之，行人子羽修饰之，东里子产润色之。"

或问子产。子曰："惠人也。"

问子西。曰："彼哉！彼哉！"

问管仲。曰："人也。夺伯氏骈邑三百，饭疏食，没齿无怨言。"

子曰："贫而无怨难，富而无骄易。"

子曰："孟公绰为赵、魏老则优，不可以为滕、薛大夫。"

子路问成人。子曰："若臧武仲之知，公绰之不欲，卞庄子之勇，冉求之艺，文之以礼乐，亦可以为成人矣。"曰："今之成人者何必然？见利思义，见危授命，久要不忘平生之言，亦可以为成人矣。"

子问公叔文子于公明贾曰："信乎，夫子不言，不笑，不取乎？"

公明贾对曰："以告者过也。夫子时然后言，人不厌其言；乐然后笑，人不厌其笑；义然后取，人不厌其取。"

子曰："其然？岂其然乎？"

子曰："臧武仲以防求为后于鲁，虽曰不要君，吾不信也。"

子曰："晋文公谲而不正，齐桓公正而不谲。"

子路曰："桓公杀公子纠，召忽死之，管仲不死。"曰："未仁乎？"子曰："桓公九合诸侯，不以兵车，管仲之力也。如其仁，如其仁。"

子贡曰："管仲非仁者与？桓公杀公子纠，不能死，又相之。"子曰："管仲相桓公，霸诸侯，一匡天下，民到于今受其赐。微管仲，吾其被发左衽矣。岂若匹夫匹妇之为谅也，自经于沟渎而莫之知也？"

公叔文子之臣大夫撰与文子同升诸公。子闻之，曰："可以为'文'矣。"

子言卫灵公之无道也，康子曰："夫如是，奚而不丧？"孔子曰："仲叔圉治宾客，祝鮀治宗庙，王孙贾治军旅。夫如是，奚其丧？"

子曰："其言之不怍，则为之也难。"

陈成子弑简公。孔子沐浴而朝，告于哀公曰："陈恒弑其君，请讨之。"公曰："告夫三子。"

孔子曰："以吾从大夫之后，不敢不告也。"君曰'告夫三子'者。"

之三子告，不可。孔子曰："以吾从大夫之后，不敢不告也。"

子路问事君。子曰："勿欺也，而犯之。"

子曰："君子上达，小人下达。"

子曰："古之学者为己，今之学者为人。"

遽伯玉使人于孔子。孔子与之坐而问焉，曰："夫子何为？"对曰："夫子欲寡其过而未能也。"

使者出。子曰："使乎！使乎！"

子曰："不在其位，不谋其政。"

曾子曰："君子思不出其位。"

子曰："君子耻其言而过其行。"

子曰："君子道者三，我无能焉：仁者不忧，知者不惑，勇者不惧。"子贡曰："夫子自道也。"

子贡方人。子曰："赐也贤乎哉？夫我则不暇。"

子曰："不患人之不己知，患其不能也。"

子曰："不逆诈，不亿不信，抑亦先觉者，是贤乎！"

微生亩谓孔子曰："丘何为是栖栖者与？无乃为佞乎？"孔子曰："非敢为佞也，疾固也。"

子曰："骥不称其力，称其德也。"

或曰："以德报怨，何如？"子曰："何以报德？以直报怨，以德报德。"

子曰："莫我知也夫！"子贡曰："何为其莫知子也？"子曰："不怨天，不尤人，下学而上达。知我者其天乎！"

公伯寮诉子路于季孙。子服景伯以告，曰："夫子
固有惑志于公伯寮，吾力犹能肆诸市朝。"

子曰："道之将行也与，命也;道之将废也与，
命也。公伯寮其如命何！"

子曰："贤者辟世，其次辟地，其次辟色，
其次辟言。"

子曰："作者七人矣。"

子路宿于石门。晨门曰:"奚自?子路曰:自孔氏。"
曰："是知其不可而为之者与?"

子击磬于卫。有荷蒉而过孔氏之门者，曰："有心
哉，击磬乎！"既而曰："鄙哉，硁硁乎！莫己知也，
斯己而已矣。深则厉，浅则揭。"

子曰："果哉！末之难矣。"

子张曰："《书》云:'高宗谅阴，三年不言。'
何谓也?"子曰:"何必高宗，古之人皆然。君薨，百官
总己以听于冢宰三年。"

子曰：“上好礼，则民易使也。”

子路问君子。子曰：“修己以敬。”

曰：“如斯而已乎?”曰：修己以安人。

曰：如斯而已乎?”曰：“修己以安百姓。

修己以安百姓，尧、舜其犹病诸!”

原壤夷俟。子曰：“幼而不孙弟，长而无述焉，

老而不死，是为贼。”以杖叩其胫。

阙党童子将命。或问之曰：“益者与?子曰：

吾见其居于位也，见其与先生并行也。非求益者也，

欲速成者也。”

卫灵公篇第十五

卫灵公问陈于孔子。孔子对曰：“俎豆之事，

则尝闻之矣;军旅之事，未之学也。”明日遂行。

在陈绝粮，从者病，莫能兴。”子路愠见曰：

“君子亦有穷乎?”子曰：“君子固穷，小人穷斯

滥矣。”

110

子曰："赐也，如以予为多学而识之者与？"

对曰："然，非与？"曰："非也，予一以贯之。"

子曰："由！知德者鲜矣。"

子曰："无为而治者其舜也与？夫何为哉？

恭己正南面而已矣。"

子张问行。子曰："言忠信，行笃敬，虽蛮貊

之邦行矣。言不忠信，行不笃敬，虽州里，行乎哉？

立则见其参于前也，在舆则见其倚于衡也，夫然后行。"

子张书诸绅。

子曰："直哉史鱼！邦有道，如矢；邦无道，如矢。

君子哉蘧伯玉！邦有道，则仕；邦无道，则可卷

而怀之。"

子曰："可与言而不与之言，失人；不可与言

而与之言，失言。知者不失人，亦不失言。"

子曰："志士仁人，无求生以害仁，有杀身

以成仁。"

111

子贡问为仁。子曰:"工欲善其事,必先利其器。居是邦也,事其大夫之贤者,友其士之仁者。"

颜渊问为邦。子曰:"行夏之时,乘殷之辂,服周之冕,乐则《韶》《舞》。放郑声,远佞人。郑声淫,佞人殆。"

子曰:"人无远虑,必有近忧。"

子曰:"已矣乎!吾未见好德如好色者也。"

子曰:"臧文仲其窃位者与?知柳下惠之贤而不与立也。"

子曰:"躬自厚而薄则于人,则远怨矣。"

子曰:"不曰'如之何,如之何'者,吾末如之何也已矣。"

子曰:"群居终日,言不及义,好行小慧,难矣哉!"

子曰:"君子义以为质,礼以行之,孙以出之,信以成之。君子哉!"

子曰："君子病无能焉，不病人之不己知也。"

子曰："君子疾没世而名不称焉。"

子曰："君子求诸己，小人求诸人。"

子曰："君子矜而不争，群而不党。"

子曰："君子不以言举人，不以人废言。"

子贡问曰："有一言而可以终身行之者乎?"

子曰："其恕乎!己所不欲，勿施于人。"

子曰："吾之于人也，谁毁谁誉?如有所誉者，其有所试矣。斯民也，三代之所以直道而行也。"

子曰："吾犹及史之阙文也。有马者借人乘之，今亡矣夫!"

子曰："巧言乱德。小不忍，则乱大谋。"

子曰："众恶之，必察焉;众好之，必察焉。"

子曰："人能弘道，非道弘人。"

子曰："过而不改，是谓过矣。"

子曰："吾尝终日不食，终夜不寝，以思，无益，不如学也。"

113

子曰："君子谋道不谋食。耕者，馁在其中矣；学也，禄在其中矣。君子忧道不忧贫。"

子曰："知及之，仁不能守之，虽得之，必失之。知及之，仁能守之，不庄以涖之，则民不敬。知及之，仁能守之，庄以涖之，动之不以礼，未善也。"

子曰："君子不可小知而可大受也，小人不可大受而可小知也。"

子曰："民之于仁也，甚于水火。水火，吾见蹈而死者矣，未见蹈仁而死者也。"

子曰："当仁，不让于师。"

子曰："君子贞而不谅。"

子曰："事君，敬其事而后其食。"

子曰："有教无类。"

子曰："道不同，不相为谋。"

子曰："辞达而已矣。"

师冕见，及阶，子曰："阶也。"及席，子曰："席也。"皆坐，子告之曰："某在斯，某在斯。"

师冕出。子张问曰："与师言之道与?"子曰：

"然，固相师之道也。"

季氏篇第十六

季氏将伐颛臾。冉有季路见于孔子曰："季氏将有事于颛臾。"

孔子曰："求！无乃尔是过与?夫颛臾，昔者先王以为东蒙主，且在邦域之中矣，是社稷之臣也。何以伐为?"

冉有曰："夫子欲之，吾二臣者皆不欲也。"

孔子曰:"求！周任有言曰:'陈力就列，不能者止。'危而不持，颠而不扶，则将焉用彼相矣？且尔言过矣，虎兕出于柙，龟玉毁于椟中，是谁之过与?"

冉有曰:"今夫颛臾，固而近于费。今不取，后世必为子孙忧。"

孔子曰："求！君子疾夫舍曰欲之而必为之辞。丘也闻有国有家者，不患寡而患不均，不患贫而患

115

不安。盖均无贫，和无寡，安无倾。夫如是，故远人不服，则修文德以来之。既来之，则安之。今由与求也，相夫子，远人不服，而不能来也；邦分崩离析，而不能守也；而谋动干戈于邦内。吾恐季孙之忧，不在颛臾，而在萧墙之内也。"

孔子曰："天下有道，则礼乐征伐自天子出；天下无道，则礼乐征伐自诸侯出。自诸侯出，盖十世希不失矣；自大夫出，五世希不失矣；陪臣执国命，三世希不失矣。天下有道，则政不在大夫。天下有道，则庶人不议。"

孔子曰："禄之去公室五世矣，政逮于大夫四世矣，故夫三桓之子孙微矣。"

孔子曰："益者三友，损者三友。友直，友谅，友多闻，益矣。友便辟，友善柔，友便佞，损矣。"

孔子曰："益者三乐，损者三乐。乐节礼乐，乐道人之善，乐多贤友，益矣。乐骄乐，乐佚游，乐宴乐，损矣。"

孔子曰："侍于君子有三愆：言未及之而言谓之躁，言及之而不言谓之隐，未见颜色而言谓之瞽。"

孔子曰："君子有三戒：少之时，血气未定，戒之在色；及其壮也，血气方刚，戒之在斗；及其老也，血气既衰，戒之在得。"

孔子曰："君子有三畏：畏天命，畏大人，畏圣人之言。小人不知天命而不畏也，狎大人，侮圣人之言。"

孔子曰："生而知之者上也，学而知之者次也；困而学之，又其次也；困而不学，民斯为下矣。"

孔子曰："君子有九思：视思明，听思聪，色思温，貌思恭，言思忠，事思敬，疑思问，忿思难，见得思义。"

孔子曰："见善如不及，见不善如探汤。吾见其人矣，吾闻其语矣。隐居以求其志，行义以达其道。吾闻其语矣。吾未见其人也。"

齐景公有马千驷，死之日，民无德而称焉。伯夷、叔齐饿于首阳之下，民到于今称之。其斯之谓与？"

陈亢问于伯鱼曰："子亦有异闻乎？"

对曰："未也。尝独立，鲤趋而过庭。曰：'学诗乎？'对曰：'未也。''不学诗，无以言。'鲤退而学诗。

他日，又独立，鲤趋而过庭。曰：'学礼乎？'对曰：'未也。'不学礼，无以立。鲤退而学礼。闻斯二者。"

陈亢退而喜曰："问一得三，闻诗，闻礼，又闻君子之远其子也。"

邦君之妻，君称之曰夫人，夫人自称曰小童；邦人称之曰君夫人，称诸异邦曰寡小君；异邦人称之亦曰君夫人。

阳货篇第十七

阳货欲见孔子，孔子不见，归孔子豚。

孔子时其亡也，而往拜之。

遇诸涂。

谓孔子曰:"来!予与尔言。"曰:"怀其宝而迷其邦,可谓仁乎?"曰:"不可。好从事而亟失时,可谓知乎?"曰:"不可。日月逝矣,岁不我与。"

孔子曰:"诺,吾将仕矣。"

子曰:"性相近也,习相远也。"

子曰:"唯上智与下愚不移。"

子之武城,闻弦歌之声。夫子莞尔而笑,曰:"割鸡焉用牛刀?"

子游对曰:"昔者偃也闻诸夫子曰:'君子学道则爱人,小人学道则易使也。'"

子曰:"二三子!偃之言是也。前言戏之耳。"

公山弗扰以费畔,召,子欲往。

子路不说,曰:"末之也已,何必公山氏之之也?"

子曰:"夫召我者,而岂徒哉?如有用我者,吾其为东周乎!"

子张问仁于孔子。孔子曰:"能行五者于天下为仁矣。"

"请问之。"曰:"恭、宽、信、敏、惠。恭则不侮,宽则得众,信则人任焉,敏则有功,惠则足以使人。"

佛肸召,子欲往。

子路曰:"昔者由也闻诸夫子曰:'亲于其身为不善者,君子不入也。'佛肸以中牟畔,子之往也,如之何?"

子曰:"然,有是言也。不曰坚乎,磨而不磷;不曰白乎,涅而不缁。吾其匏瓜也哉?焉能系而不食?"

子曰:"由也!女闻六言六蔽矣乎?"对曰:"未也。"

"居!吾语汝。好仁不好学,其蔽也愚。好知不好学,其蔽也荡。好信不好学,其蔽也贼。好直不好学,其蔽也绞。好勇不好学,其蔽也乱。好刚不好学,其蔽也狂。"

子曰:"小子何莫学夫诗?诗,可以兴,可以观,可以群,可以怨。迩之事父,远之事君。多识于鸟兽草木之名。"

120

子谓伯鱼曰："女为《周南》《召南》矣乎?人而不为《周南》《召南》,其犹正墙面而立也与?"

子曰："礼云礼云,玉帛云乎哉?乐云乐云,钟鼓云乎哉?"

子曰："色厉而内荏,譬诸小人,其犹穿窬之盗也与?"

子曰："乡原,德之贼也。"

子曰："道听而涂说,德之弃也。"

子曰："鄙夫可与事君也与哉?其未得之也,患得之。既得之,患失之。苟患失之,无所不至矣。"

子曰:"古者民有三疾,今也或是之亡也。古之狂也肆,今之狂也荡;古之矜也廉,今之矜也忿戾;古之愚也直,今之愚也诈而已矣。"

子曰："巧言令色,鲜矣仁!"

子曰："恶紫之夺朱也,恶郑声之乱雅乐也,恶利口之覆邦家者。"

子曰：“予欲无言。子贡曰：子如不言，则小子何述焉？”子曰："天何言哉？四时行焉，百物生焉，天何言哉？”

孺悲欲见孔子，孔子辞以疾。将命者出户，取瑟而歌，使之闻之。

宰我问："三年之丧，期已久矣。君子三年不为礼，礼必坏；三年不为乐，乐必崩。旧谷既没，新谷既升，钻燧改火，期可已矣。”

子曰："食夫稻，衣夫锦，于女安乎?”

曰："安！"

"女安，则为之！夫君子之居丧，食旨不甘，闻乐不乐，居处不安，故不为也。今女安，则为之！"

宰我出。子曰："予之不仁也！子生三年，然后免于父母之怀。夫三年之丧，天下之通丧也。予也有三年之爱于其父母乎?”

子曰:"饱食终日,无所用心,难矣哉! 不有博弈者乎? 为之,犹贤乎已。"

子路曰:"君子尚勇乎?"子曰:"君子义以为上,君子有勇而无义为乱,小人有勇而无义为盗。"

子贡曰:"君子亦有恶乎?"子曰:"有恶。恶称人之恶者,恶居下流而讪上者,恶勇而无礼者,恶果敢而窒者。"

曰:"赐也亦有恶乎? 恶徼以为知者,恶不孙以为勇者,恶讦以为直者。"

子曰:"唯女子与小人为难养也,近之则不孙,远之则怨。"

子曰:"年四十而见恶焉,其终也已。"

微子篇第十八

微子去之,箕子为之奴,比干谏而死。孔子曰:"殷有三仁焉。"

柳下惠为士师，三黜。人曰："子未可以去乎？"

曰："直道而事人，焉往而不三黜？枉道而事人，何必去父母之邦？"

齐景公待孔子，曰："若季氏，则吾不能；以季、孟之间待之。"

曰："吾老矣，不能用也。"孔子行。

齐人归女乐，季桓子受之，三日不朝，孔子行。

楚狂接舆歌而过孔子，曰："凤兮凤兮！何德之衰？往者不可谏，来者犹可追。已而，已而！今之从政者殆而！"

孔子下，欲与之言。趋而辟之，不得与之言。

长沮、桀溺耦而耕，孔子过之，使子路问津焉。

长沮曰："夫执舆者为谁？"

子路曰："为孔丘。"

曰："是鲁孔丘与？"

曰："是也。"

曰："是知津矣。"

问于桀溺。

桀溺曰："子为谁?"

曰："为仲由。"

曰："是鲁孔丘之徒与?"

对曰："然。"

曰："滔滔者天下皆是也，而谁以易之？且而与其从辟人之士也，岂若从辟世之士哉?"耰而不辍。

子路行以告。

夫子怃然曰："鸟兽不可与同群，吾非斯人之徒与而谁与？天下有道，丘不与易也。"

子路从而后，遇丈人，以杖荷蓧。

子路问曰："子见夫子乎?"

丈人曰："四体不勤，五谷不分，孰为夫子?"

植其杖而芸。

子路拱而立。

止子路宿，杀鸡为黍而食之，见其二子焉。

明日，子路行以告。

子曰："隐者也。"使子路反见之。至，则行矣。

子路曰："不仕无义。长幼之节，不可废也；君臣之义，如之何其废之？欲洁其身，而乱大伦。君子之仕也，行其义也。道之不行，已知之矣。"

逸民：伯夷、叔齐、虞仲、夷逸、朱张、柳下惠、少连。子曰："不降其志，不辱其身，伯夷、叔齐与！"谓"柳下惠、少连，降志辱身矣，言中伦，行中虑。其斯而已矣"。谓"虞仲、夷逸，隐居放言，身中清，废中权。我则异于是，无可无不可"。

大师挚适齐，亚饭干适楚，三饭缭适蔡，四饭缺适秦，鼓方叔入于河，播鼓武入于汉，少师阳、击磬襄入于海。

周公谓鲁公曰："君子不施其亲，不使大臣怨乎不以。故旧无大故，则不弃也。无求备于一人。"

周有八士：伯达、伯适、仲突、仲忽、叔夜、叔夏、季随、季骐。

子张篇第十九

子张曰："士见危致命，见得思义，祭思敬，丧思哀，其可已矣。"

子张曰："执德不弘，信道不笃，焉能为有？焉能为亡？"

子夏之门人问交于子张。子张曰："子夏云何？"对曰："子夏曰：'可者与之，其不可者拒之。'"

子张曰："异乎吾所闻。君子尊贤而容众，嘉善而矜不能。我之大贤与，于人何所不容？我之不贤与，人将拒我，如之何其拒人也？"

子夏曰："虽小道，必有可观者焉，致远恐泥，是以君子不为也。"

子夏曰："日知其所亡，月无忘其所能，可谓好学也已矣。"

127

子夏曰："博学而笃志，切问而近思，仁在其中矣。"

子夏曰："百工居肆以成其事，君子学以致其道。"

子夏曰："小人之过也必文。"

子夏曰："君子有三变：望之俨然，即之也温，听其言也厉。"

子夏曰："君子信而后劳其民；未信，则以为厉己也。信而后谏；未信，则以为谤己也。"

子夏曰："大德不逾闲，小德出入可也。"

子游曰："子夏之门人小子，当洒扫应对进退，则可矣，抑末也。本之则无，如之何？"

子夏闻之，曰："噫！言游过矣！君子之道，孰先传焉？孰后倦焉？譬诸草木，区以别矣。君子之道，焉可诬也？有始有卒者，其惟圣人乎！"

子夏曰："仕而优则学，学而优则仕。"

子游曰："丧致乎哀而止。"

子游曰："吾友张也为难能也，然而未仁。"

曾子曰："堂堂乎张也。难与并为仁矣。"

曾子曰："吾闻诸夫子：人未有自致者也，必也亲丧乎！"

曾子曰："吾闻诸夫子：孟庄子之孝也，其他可能也，其不改父之臣与父之政，是难能也。"

孟氏使阳肤为士师，问与曾子。曾子曰："上失其道，民散久矣。如得其情，则哀矜而勿喜！"

子贡曰："纣之不善，不如是之甚也。是以君子恶居下流，天下之恶皆归焉。"

子贡曰："君子之过也，如日月之食焉。过也，人皆见之；更也，人皆仰之。"

卫公孙朝问于子贡曰："仲尼焉学?"子贡曰："文武之道，未坠于地，在人。贤者识其大者，不贤者识其小者。莫不有文武之道焉。夫子焉不学?而亦何常师之有？"

叔孙武叔毁语大夫于朝曰："子贡贤于仲尼。"

子服景伯以告子贡。

子贡曰："譬之宫墙，赐之墙也及肩，窥见室家之好。夫子之墙数仞，不得其门而入，不见宗庙之美，百官之富。得其门者或寡矣。夫子之云，不亦宜乎?"

叔孙武叔毁仲尼。子贡曰："无以为也!仲尼不可毁也。他人之贤者，丘陵也，犹可逾也。仲尼，日月也，无得而逾焉。人虽欲自绝，其何伤于日月乎?多见其不知量也。"

陈子禽谓子贡曰："子为恭也，仲尼岂贤于子乎?"

子贡曰："君子一言以为知，一言以为不知，言不可不慎也。夫子之不可及也，犹天之不可阶而升也。夫子之得邦家者，所谓立之斯立，道之斯行，绥之斯来，动之斯和。其生也荣，其死也哀，如之何其可及也?"

尧曰篇第二十

尧曰："咨！尔舜！天之历数在尔躬，允执其中。

四海困穷，天禄永终。"

舜亦以命禹。

曰："予小子履敢用玄牡，敢昭告于皇皇后帝：

有罪不敢赦。帝臣不蔽，简在帝心。朕躬有罪，无以万

方。万方有罪，罪在朕躬。"

周有大赉，善人是富。"虽有周亲，不如仁人。

百姓有过，在予一人。"

谨权量，审法度，修废官，四方之政行焉。兴灭国，

继绝世，举逸民，天下之民归心焉。

所重：民、食、丧、祭。

宽则得众，信则民任焉，敏则有功，公则说。

子张问于孔子曰："何如斯可以从政矣？"

子曰："尊五美，屏四恶，斯可以从政矣。"

子张曰："何谓五美？"

子曰：“君子惠而不费，劳而不怨，欲而不贪，泰而不骄，威而不猛。”

子张曰：“何谓惠而不费?”

子曰：“因民之所利而利之，斯不亦惠而不费乎?择可劳而劳之，又谁怨?欲仁而得仁，又焉贪? 君子无众寡，无小大，无敢慢，斯不亦泰而不骄乎? 君子正其衣冠，尊其瞻视，俨然人望而畏之，斯不亦威而不猛乎?”

子张曰：“何谓四恶?”

子曰：“不教而杀谓之虐；不戒视成谓之暴；慢令致期谓之贼；犹之与人也，出纳之吝谓之有司。”

子曰：“不知命，无以为君子也。不知礼，无以立也。不知言，无以知人也。”

132

dào dé jīng
道德经

dì yī zhāng
第一章

dào kě dào fēi cháng dào míng kě míng fēi cháng míng wú
道可道，非常道；名可名，非常名。无，

míng tiān dì zhī shǐ yǒu míng wàn wù zhī mǔ gù cháng wú yù yǐ guān qí miào
名天地之始；有，名万物之母。故常无，欲以观其妙；

cháng yǒu yù yǐ guān qí jiǎo cǐ liǎng zhě tóng chū ér yì míng tóng wèi zhī xuán
常有，欲以观其徼。此两者，同出而异名，同谓之玄。

xuán zhī yòu xuán zhòng miào zhī mén
玄之又玄，众妙之门。

dì èr zhāng
第二章

tiān xià jiē zhī měi zhī wéi měi sī è yǐ jiē zhī shàn zhī wéi shàn sī bú
天下皆知美之为美,斯恶已；皆知善之为善,斯不

shàn yǐ yǒu wú xiāng shēng nán yì xiāng chéng cháng duǎn xiāng jiào gāo xià xiāng qīng
善已。有无相生，难易相成，长短相较，高下相倾，

yīn shēng xiāng hè qián hòu xiāng suí héng yě shì yǐ shèng rén chǔ wú wéi zhī shì
音声相和,前后相随,恒也。是以圣人处无为之事,

xíng bù yán zhī jiào wàn wù zuò yān ér fú shǐ shēng ér fú yǒu wéi ér bù shì
行不言之教；万物作焉而弗始，生而弗有，为而不恃,

gōng chéng ér fú jū fū wéi fú jū shì yǐ bù qù
功成而弗居。夫唯弗居，是以不去。

dì sān zhāng
第三章

bù shàng xián shǐ mín bù zhēng bù guì nán dé zhī huò shǐ mín bù wéi dào
不尚贤,使民不争；不贵难得之货，使民不为盗；

不见可欲，使民心不乱。是以圣人之治，虚其心，实其腹，弱其志，强其骨。常使民无知无欲，使夫智者不敢为也。为无为，则无不治。

第四章

道冲，而用之或不盈。渊兮，似万物之宗。挫其锐，解其纷，和其光，同其尘。湛兮，似或存。吾不知谁之子，象帝之先。

第五章

天地不仁，以万物为刍狗；圣人不仁，以百姓为刍狗。天地之间，其犹橐籥乎？虚而不屈，动而愈出。多言数穷，不如守中。

第六章

谷神不死，是谓"玄牝"，玄牝之门，是谓天地根。绵绵若存，用之不勤。

第七章

天长地久。天地所以能长且久者,以其不自生,

故能长生。是以圣人后其身而身先,外其身而身存。

以其无私, 故能成其私。

第八章

上善若水。水善利万物而不争, 处众人之所恶,

故几于道。居善地, 心善渊, 与善仁, 言善信, 政善治,

事善能, 动善时。夫唯不争, 故无尤。

第九章

持而盈之, 不如其已;揣而锐之, 不可长保。金玉

满堂, 莫之能守;富贵而骄, 自遗其咎。功遂身退,

天之道也。

第十章

载营魄抱一, 能无离乎? 专气致柔, 能如婴儿

乎? 涤除玄鉴, 能无疵乎? 爱民治国, 能无为乎?

tiān mén kāi hé　　néng wú cí hū　　míng bái sì dá　　néng wú zhī hū
天门开阖，能无雌乎？明白四达，能无知乎？

shēng zhī xù zhī　　shēng ér bù yǒu　　wéi ér bù shì　　zhǎng ér bù zǎi　　shì wèi
生之畜之。生而不有，为而不恃，长而不宰，是谓

xuán dé
"玄德"。

第十一章
dì shí yì zhāng

sān shí fú gòng yì gū　　dāng qí wú　　yǒu jū zhī yòng　　shān zhí yǐ wéi qì
三十辐共一毂，当其无，有车之用。埏埴以为器，

dāng qí wú　　yǒu qì zhī yòng　　záo hù yǒu yǐ wéi shì　　dāng qí wú　　yǒu shì zhī yòng
当其无，有器之用。凿户牖以为室，当其无，有室之用。

gù yǒu zhī yǐ wéi lì　　wú zhī yǐ wéi yòng
故有之以为利，无之以为用。

第十二章
dì shí èr zhāng

wǔ sè lìng rén mù máng　　wǔ yīn lìng rén ěr lóng　　wǔ wèi lìng rén kǒu shuǎng
五色令人目盲，五音令人耳聋，五味令人口爽，

chí chěng tián liè lìng rén xīn fā kuáng　　nán dé zhī huò lìng rén xíng fáng　　shì yǐ
驰骋畋猎令人心发狂，难得之货令人行妨。是以

shèng rén wéi fù bù wéi mù　　gù qù bǐ qǔ cǐ
圣人为腹不为目。故去彼取此。

第十三章
dì shí sān zhāng

chǒng rǔ ruò jīng　　guì dà huàn ruò shēn　　hé wèi chǒng rǔ ruò jīng
宠辱若惊，贵大患若身。何谓宠辱若惊？

chǒng wéi shàng　　rǔ wéi xià　　dé zhī ruò jīng　　shī zhī ruò jīng　　shì wèi chǒng rǔ
宠为上，辱为下；得之若惊，失之若惊，是谓宠辱

ruò jīng　　hé wèi guì dà huàn ruò shēn　　wú suǒ yǐ yǒu dà huàn zhě　　wéi wú yǒu shēn
若惊。何谓贵大患若身？吾所以有大患者，为吾有身；

及吾无身,吾有何患? 故贵以身为天下,若可寄天下;
爱以身为天下, 若可托天下。

第十四章

视之不见, 名曰"夷";听之不闻, 名曰"希";
搏之不得,名曰"微"。此三者不可致诘,故混而为一。
其上不皦, 其下不昧,绳绳不可名,复归于无物。是谓
无状之状 , 无物之象 , 是谓惚恍。迎之不见其首,
随之不见其后。执古之道, 以御今之有。能知古始,
是谓道纪。

第十五章

古之善为道者,微妙玄通,深不可识。夫唯不可识,
故强为之容:豫兮,若冬涉川;犹兮,若畏四邻;俨兮,
其若客;涣兮,其若凌释;敦兮,其若朴;旷兮,其若谷;
混兮,其若浊;澹兮,其若海;飂兮,若无止。孰能浊以
静之徐清? 孰能安以动之徐生? 保此道者,不欲盈。

fū wéi bù yíng　　gù néng bì ér xīn chéng
夫唯不盈，故能蔽而新成。

dì shí liù zhāng
第十六章

zhì xū jí　shǒu jìng dǔ　wàn wù bìng zuò　wú yǐ guān fù　fū wù yún yún
致虚极，守静笃。万物并作，吾以观复。夫物芸芸，

gè fù guī qí gēn　guī gēn yuē　jìng　jìng yuē　fù mìng　fù mìng yuē
各复归其根。归根曰"静"，静曰"复命"。复命曰

cháng　　zhī cháng yuē　míng　bù zhī　cháng　wàng zuò xiōng　zhī
"常"，知常曰"明"。不知"常"，妄作凶。知

cháng róng　róng nǎi gōng　gōng nǎi quán　quán nǎi tiān　tiān nǎi dào　dào nǎi jiǔ
"常"容，容乃公，公乃全，全乃天，天乃道，道乃久，

mò shēn bú dài
没身不殆。

dì shí qī zhāng
第十七章

tài shàng　bù zhī yǒu zhī　qí cì　qīn ér yù zhī　qí cì　wèi zhī
太上，不知有之；其次，亲而誉之；其次，畏之；

qí cì　wǔ zhī　xìn bù zú yān　yǒu bù xìn yān　yōu xī qí guì yán
其次，侮之。信不足焉，有不信焉。悠兮其贵言。

gōng chéng shì suí　bǎi xìng jiē wèi　wǒ zì rán
功成事遂，百姓皆谓："我自然。"

dì shí bā zhāng
第十八章

dà dào fèi　yǒu rén yì　zhì huì chū　yǒu dà wěi　liù qīn bù hé
大道废，有仁义；智慧出，有大伪；六亲不和，

yǒu xiào cí　guó jiā hūn luàn　yǒu zhōng chén
有孝慈；国家昏乱，有忠臣。

dì shí jiǔ zhāng
第十九章

jué shèng qì zhì　mín lì bǎi bèi　jué rén qì yì　mín fù xiào cí
绝圣弃智，民利百倍；绝仁弃义，民复孝慈；

绝巧弃利，盗贼无有。此三者，以为文，不足，故令有所属：见素抱朴，少私寡欲，绝学无忧。

第二十章

唯之与阿，相去几何？善之与恶，相去若何？人之所畏，不可不畏。荒兮，其未央哉！众人熙熙，如享太牢，如春登台；我独泊兮，其未兆。沌沌兮，如婴儿之未孩；傫傫兮，若无所归。众人皆有余，而我独若遗，我愚人之心也哉！俗人昭昭，我独昏昏；俗人察察，我独闷闷。澹兮其若海，飂兮若无止。众人皆有以，而我独顽且鄙。我独异于人，而贵食母。

第二十一章

孔德之容，惟道是从。道之为物，惟恍惟惚。惚兮恍兮，其中有象；恍兮惚兮，其中有物。窈兮冥兮，其中有精；其精甚真，其中有信。自古及今，其名不去，以阅众甫。吾何以知众甫之状哉？以此。

第二十二章

曲则全，枉则直，洼则盈，敝则新，少则得，多则惑。

是以圣人抱一为天下式。不自现，故明；不自是，故彰；

不自伐，故有功；不自矜，故长。夫唯不争，故天下

莫能与之争。古之所谓"曲 则全"者，岂虚言哉？

诚全而归之。

第二十三章

希言自然。故飘风不终朝，骤雨不终日。孰为

此者？天地。天地尚不能久，而况于人乎？故从事

于道者，同于道；德者，同于德；失者，同于失。

同于道者，道亦乐得之；同于德者，德亦乐得之；

同于失者，失亦乐得之。信不足焉，有不信焉。

第二十四章

企者不立，跨者不行。自见者，不明；自是者，不彰；

自伐者，无功；自矜者，不长。其在道也，曰："余食

140

zhuìxíng　　wù huò wù zhī　　　　gù yǒu dào zhě　bù chù
赘行，物或恶之。"故有道者 不处。

第二十五章
dì èr shí wǔ zhāng

yǒu wù hùn chéng　　xiāntiān dì shēng　　jì xī liáo xī　　dú lì bù gǎi
有物混成，先天地生。寂兮寥兮，独立不改，

zhōuxíng ér bù dài　kě yǐ wéi tiān xià mǔ　　wú bù zhī qí míng　qiáng zì zhī yuē
周行而不殆，可以为天下母。吾不知其名，强字之曰

dào　　　　qiáng wéi zhī míng yuē　　dà　　　dà yuē　　shì　　　shì yuē　　yuǎn
"道"，强为之名曰"大"。大曰"逝"，逝曰"远"，

yuǎn yuē　fǎn　　gù dào dà　tiān dà　　dì dà　　rén yì dà　　yù zhōng yǒu sì　dà
远曰"反"。故道大，天大，地大，人亦大。域中有四大，

ér rén jū qí yī yān　　rén fǎ dì　　dì fǎ tiān　　tiān fǎ dào　　dào fǎ zì rán
而人居其一焉。人法地，地法天，天法道，道法自然。

第二十六章
dì èr shí liù zhāng

zhòng wéi qīng gēn　　jìng wéi zào jūn　　shì yǐ jūn zǐ zhōng rì xíng bù lí
重为轻根，静为躁君。是以君子终日行不离

zī zhòng　　suī yǒu róngguān　　yàn chǔ chāo rán　　nài hé wàn shèng zhī zhǔ ér yǐ shēnqīng
辎重。虽有荣观，燕处超然。奈何万乘之主而以身轻

tiān xià　　　qīng zé shī běn　　zào zé shī jūn
天下？轻则失本，躁则失君。

第二十七章
dì èr shí qī zhāng

shànxíng　　wú chè jì　　shàn yán　　wú xiá zhé　　shàn shǔ　　bú yòngchóu cè
善行，无辙迹；善言，无瑕谪；善数，不用筹策；

shàn bì　　　wú guānjiàn ér bù kě kāi　　shàn jié　　wú shéng yuē ér bù kě jiě
善闭，无关楗而不可开；善结，无绳约而不可解。

shì yǐ shèng rén chángshàn jiù rén　　gù wú qì rén　chángshàn jiù wù　　gù wú qì wù
是以圣人常善救人，故无弃人；常善救物；故无弃物，

是谓"袭明"。故善人者，不善人之师，不善人者

善人之资。不贵其师，不爱其资，虽智大迷，是谓

"要妙"。

第二十八章

知其雄，守其雌，为天下谿。为天下谿，常德不离，

复归于婴儿。知其白，守其黑，为天下式。为天下式，

常德不忒，复归于无极。知其荣，守其辱，为天下谷。

为天下谷，常德乃足，复归于朴。朴散则为器，

圣人用之，则为官长，故大制不割。

第二十九章

将欲取天下而为之，吾见其不得已。天下神器，

不可为也，不可执也。为者败之，执者失之。是以

圣人无为，故无败；无执，故无失。夫物，或行或随，

或歔或吹，或强或羸，或载或隳。是以圣人去甚，

去奢，去泰。

第三十章

以道佐人主者，不以兵强天下。其事好还。师之所处，荆棘生焉。大军之后，必有凶年。善有果而已，不敢以取强。果而勿矜，果而勿伐，果而勿骄，果而不得已，果而勿强。物壮则老，是谓不道。不道早已。

第三十一章

夫兵者，不祥之器，物或恶之，故有道者不处。君子居则贵左，用兵则贵右。兵者不祥之器，非君子之器，不得已而用之，恬淡为上胜而不美。而美之者，是乐杀人。夫乐杀人者，则不可以得志于天下矣。吉事尚左，凶事尚右。偏将军居左，上将军居右，言以丧礼处之。杀人之众，以哀悲泣之；战胜，以丧礼处之。

第三十二章

道常无名，朴。虽小，天下莫能臣。侯王若能守之，万物将自宾。天地相合，以降甘露，民莫之令

ér zì jūn shǐ zhì yǒu míng míng yì jì yǒu fū yì jiāng zhī zhǐ zhī zhǐ kě yǐ
而自均。始制有名，名亦既有，夫亦将知止，知止可以

bù dài pì dào zhī zài tiān xià yóu chuān gǔ zhī yú jiāng hǎi
不殆。譬道之在天下，犹川谷之于江海。

第三十三章
dì sān shí sān zhāng

zhī rén zhě zhì zì zhī zhě míng shèng rén zhě yǒu lì zì shèng zhě qiáng
知人者智，自知者明。胜人者有力，自胜者强。

zhī zú zhě fù qiáng xíng zhě yǒu zhì bù shī qí suǒ zhě jiǔ sǐ ér bù wáng
知足者富。强行者有志。不失其所者久。死而不亡

zhě shòu
者寿。

第三十四章
dì sān shí sì zhāng

dà dào fàn xī qí kě zuǒ yòu wàn wù shì zhī yǐ shēng ér bù cí
大道氾兮，其可左右。万物恃之以生而不辞，

gōng chéng ér bù yǒu yī bèi wàn wù ér bù wéi zhǔ kě míng yú xiǎo
功成而不有。衣被万物而不为主，可名于"小"；

wàn wù guī yān ér bù wéi zhǔ kě míng wéi dà yǐ qí zhōng bù zì wéi dà
万物归焉而不为主，可名为"大"。以其终不自为大，

gù néng chéng qí dà
故能成其大。

第三十五章
dì sān shí wǔ zhāng

zhí dà xiàng tiān xià wǎng wǎng ér bù hài ān píng tài yuè yǔ ěr
执大象，天下往。往而不害，安平泰。乐与饵，

guò kè zhǐ dào zhī chū kǒu dàn hū qí wú wèi shì zhī bù zú jiàn
过客止。道之出口，淡乎其无味，视之不足见，

tīng zhī bù zú wén yòng zhī bù zú jì
听之不足闻，用之不足既。

144

第三十六章

将欲歙之，必固张之；将欲弱之，必固强之；将欲废之，必固兴之；将欲夺之，必固与之。是谓"微明"。柔弱胜刚强。鱼不可脱于渊，国之利器不可以示人。

第三十七章

道常无为而无不为。侯王若能守之，万物将自化。化而欲作，吾将镇之以无名之朴。镇之以无名之朴，夫将不欲。不欲以静，天下将自正。

第三十八章

上德不德，是以有德；下德不失德，是以无德。上德无为而无以为；下德为之而有以为。上仁为之而无以为；上义为之而有以为。上礼为之而莫之应，则攘臂而扔之。故失道而后德，失德而后仁，失仁而后义，失义而后礼。夫礼者，忠信之薄，而乱之首。

前识者，道之华，而愚之始。是以大丈夫处其厚，不居

其薄；处其实，不居其华。故去彼取此。

第三十九章

昔之得一者——天得一以清，地得一以宁，

神得一以灵，谷得一以盈，万物得一以生，侯王得一

以为天下正。其致之也，天无以清，将恐裂；地无以宁，

将恐废；神无以灵，将恐歇；谷无以盈，将恐竭；

万物无以生，将恐灭；侯王无以正，将恐蹶。

故贵以贱为本，高以下为基。是以侯王自谓孤、寡、

不穀。此非以贱为本邪？非乎？故至誉无誉。

是故不欲琭琭如玉，珞珞如石。

第四十章

反者，道之动；弱者，道之用。天下万物生于"有"，

"有"生于"无"。

第四十一章

上士闻道，勤而行之；中士闻道，若存若亡；下士闻道，大笑之。——不笑，不足以为道。故建言有之：明道若昧，进道若退，夷道若纇。上德若谷，广德若不足，建德若偷，质真若渝。大白若辱，大方无隅，大器晚成。大音希声，大象无形，道隐无名。夫唯道，善贷且成。

第四十二章

道生一，一生二，二生三，三生万物。万物负阴而抱阳，冲气以为和。人之所恶，唯孤、寡、不穀，而王公以为称。故物或损之而益，或益之而损。人之所教，我亦教之。强梁者不得其死，吾将以为教父。

第四十三章

天下之至柔，驰骋天下之至坚。无有入无间，吾是以知无为之有益。不言之教，无为之益，天下希及之。

第四十四章

名与身孰亲？身与货孰多？得与亡孰病？

甚爱必大费，多藏必厚亡。故知足不辱，知止不殆，

可以长久。

第四十五章

大成若缺，其用不弊。大盈若冲，其用不穷。

大直若屈，大巧若拙，大辩若讷，大赢若绌。静胜

躁，寒胜热。清静，为天下正。

第四十六章

天下有道，却走马以粪；天下无道，戎马生于郊。

祸莫大于不知足，咎莫大于欲得。故知足之足，

常足矣。

第四十七章

不出户，知天下；不闚牖，见天道。其出弥远，

148

其知弥少。是以圣人不行而知，不见而名，不为而成。

第四十八章

为学日益，为道日损。损之又损，以至于无为。

无为而无不为。取天下常以无事，及其有事，

不足以取天下。

第四十九章

圣人无常心，以百姓心为心。善者，吾善之；

不善者，吾亦善之，德善。信者，吾信之；不信者，

吾亦信之，德信。圣人在天下，歙歙焉，为天下浑其心。

百姓皆注其耳目，圣人皆孩之。

第五十章

出生入死。生之徒，十有三；死之徒，十有三；

人之生，动之死地，亦十有三。夫何故？以其生

生之厚。盖闻善摄生者，陆行不遇兕虎，入军不被

甲兵；兕无所投其角，虎无所用其爪，兵无所容其刃。

夫何故？以其无死地。

第五十一章

道生之，德畜之，物形之，势成之。是以万物莫不尊道而贵德。道之尊，德之贵，夫莫之命而常自然。故道生之，德畜之，长之育之，亭之毒之，养之覆之。生而不有，为而不恃，长而不宰，是谓"玄德"。

第五十二章

天下有始，以为天下母。既得其母，以知其子；既知其子，复守其母。没身不殆。塞其兑，闭其门，终身不勤；开其兑，济其事，终身不救。见小曰"明"，守柔曰"强"。用其光，复归其明，无遗身殃。是为"袭常"。

第五十三章

使我介然有知，行于大道，唯施是畏。大道甚夷，

而人好径。朝甚除，田甚芜，仓甚虚；服文彩，带利剑，

厌饮食，财货有余，是为盗夸。非道也哉！

第五十四章

善建者不拔，善抱者不脱，子孙以祭祀不辍。

修之于身，其德乃真；修之于家，其德乃余；修之于

乡，其德乃长；修之于邦，其德乃丰；修之于天下，

其德乃普。故以身观身，以家观家，以乡观乡，以邦

观邦，以天下观天下。吾何以知天下然哉？以此。

第五十五章

含德之厚，比于赤子。毒虫不螫，猛兽不据，

攫鸟不搏。骨弱筋柔而握固，未知牝牡之合而朘作，

精之至也。终日号而不嗄，和之至也。知和曰常，

知常曰明。益生曰祥，心使气曰强。物壮则老，

谓之不道。不道早已。

第五十六章

知者不言，言者不知。塞其兑，闭其门，挫其锐，

解其纷，和其光，同其尘，是谓"玄同"。

故不可得而亲，不可得而疏；不可得而利，不可得

而害；不可得而贵，不可得而贱。故为天下贵。

第五十七章

以正治国，以奇用兵，以无事取天下。吾何以

知其然哉？以此：天下多忌讳，而民弥贫；民多利器，

国家滋昏；人多伎巧，奇物滋起；法令滋彰，盗贼多有。

故圣人云："我无为，而民自化；我好静，而民自正；

我无事，而民自富；我无欲，而民自朴。"

第五十八章

其政闷闷，其民淳淳；其政察察，其民缺缺。

祸兮，福之所倚；福兮，祸之所伏。孰知其极？其无

正也。正复为奇，善复为妖。人之迷，其日固久。是以

圣人方而不割，廉而不刿，直而不肆，光而不耀。

第五十九章

治人事天，莫若啬。夫唯啬，是谓早服；早服，谓之重积德；重积德，则无不克；无不克，则莫知其极；莫知其极，可以有国；有国之母，可以长久。是谓深根固柢、长生久视之道。

第六十章

治大国，若烹小鲜。以道莅天下，其鬼不神。非其鬼不神，其神不伤人；非其神不伤人，圣人亦不伤人。夫两不相伤，故德交归焉。

第六十一章

大邦者下流，天下之牝，天下之交也。牝常以静胜牡，以静为下。故大邦以下小邦，则取小邦；小邦以下大邦，则取大邦。故或下以取，或下而取。大邦不过欲兼畜人，小邦不过欲入事人，夫两者各得所欲。大者宜为下。

第六十二章

道者，万物之奥。善人之宝，不善人之所保。

美言可以市尊，美行可以加人。人之不善，何弃之有？

故立天子，置三公，虽有拱璧以先驷马，不如坐进

此道。古之所以贵此道者何？不曰：求以得，有罪

以免邪？故为天下贵。

第六十三章

为无为，事无事，味无味。大小多少，报怨以德。

图难于其易，为大于其细。天下难事，必作于易；天下

大事，必作于细。是以圣人终不为大，故能成其大。

夫轻诺必寡信，多易必多难。是以圣人犹难之，

故终无难矣。

第六十四章

其安易持，其未兆易谋；其脆易泮，其微易散。

为之于未有，治之于未乱。合抱之木，生于毫末；

九层之台，起于累土；千里之行，始于足下。为者败之，

执者失之。是以圣人无为，故无败；无执，故无失。

民之从事，常于几成而败之。慎终如始，则无败事。

是以圣人欲不欲，不贵难得之货；学不学，复众人之

所过。以辅万物之自然，而不敢为。

第六十五章

古之善为道者，非以明民，将以愚之。民之难治，

以其智多。故以智治国，国之贼；不以智治国，国之福。

知此两者，亦稽式。常知稽式，是谓"玄德"。"玄德"

深矣，远矣，与物反矣，然后乃至大顺。

第六十六章

江海所以能为百谷王者，以其善下之，故能为

百谷王。是以圣人欲上民，必以言下之；欲先民，必以

身后之。是以圣人处上而民不重，处前而民不害，

shì yǐ tiān xià lè tuī ér bù yàn　yǐ qí bù zhēng　gù tiān xià mò néng yǔ zhī zhēng
是以天下乐推而不厌。以其不争，故天下莫能与之争。

dì liù shí qī zhāng
第六十七章

tiān xià jiē wèi wǒ　　dào dà　sì bú xiào　　fū wéi dà　gù sì bú xiào
天下皆谓我："道大，似不肖。"夫唯大，故似不肖。

ruò xiāo　　jiǔ yǐ qí xì yě fū　　wǒ yǒu sān bǎo　chí ér bǎo zhī　　yì yuē cí
若肖，久矣其细也夫！我有三宝，持而保之：一曰慈，

èr yuē jiǎn　sān yuē bù gǎn wéi tiān xià xiān　cí　gù néng yǒng　jiǎn　gù néng guǎng
二曰俭，三曰不敢为天下先。慈，故能勇；俭，故能广；

bù gǎn wéi tiān xià xiān　gù néng chéng qì zhǎng　jīn shě　cí qiě yǒng　shě jiǎn qiě guǎng
不敢为天下先，故能成器长。今舍 慈且勇，舍俭且广，

shě hòu qiě xiān　sǐ yǐ　fū cí　yǐ zhàn zé shèng　yǐ shǒu zé gù　tiān jiāng jiù zhī
舍后且先，死矣！夫慈，以战则胜，以守则固。天将救之，

yǐ cí wèi zhī
以慈卫之。

dì liù shí bā zhāng
第六十八章

shàn wéi shì zhě　bù wǔ　shàn zhàn zhě　bù nù　shàn shèng dí zhě　bù yǔ
善为士者，不武；善战者，不怒；善胜敌者，不与；

shàn yòng rén zhě　wéi zhī xià　shì wèi bù zhēng zhī dé　shì wèi yòng rén zhī lì
善用人者，为之下。是谓不争之德，是谓用人之力，

shì wèi pèi tiān　gǔ zhī jí
是谓配天，古之极。

dì liù shí jiǔ zhāng
第六十九章

yòng bīng yǒu yán　　wú bù gǎn wéi zhǔ　ér wéi kè　bù gǎn jìn cùn
用兵有言："吾不敢为主，而为客；不敢进寸，

ér tuì chǐ　shì wèi xíng wú xíng　rǎng wú bì　rēng wú dí　zhí wú bīng
而退尺。是谓行无行，攘无臂，扔无敌，执无兵。

祸莫大于轻敌，轻敌几丧吾宝。故抗兵相若，

哀者胜矣。

第七十章

吾言甚易知，甚易行。天下莫能知，莫能行。

言有宗，事有君。夫唯无知，是以不我知。知我者希，

则我者贵。是以圣人被褐而怀玉。

第七十一章

知不知，尚矣；不知知，病也。圣人不病，

以其病病。夫唯病病，是以不病。

第七十二章

民不畏威，则大威至。无狎其所居，无厌其所生。

夫唯不厌，是以不厌。是以圣人自知不自见，自爱

不自贵。故去彼取此。

第七十三章

勇于敢则杀，勇于不敢则活。此两者，或利或害。

天之所恶，孰知其故？是以圣人犹难之。天之道，

不争而善胜，不言而善应，不召而自来，繟然而善谋。

天网恢恢，疏而不失。

第七十四章

民不畏死，奈何以死惧之？若使民常畏死，而为

奇者，吾得执而杀之，孰敢？常有司杀者杀。

夫代司杀者杀，是谓代大匠斫。夫代大匠斫者，

希有不伤其手矣。

第七十五章

民之饥，以其上食税之多，是以饥。民之难治，

以其上之有为，是以难治。民之轻死，以其求生之厚，

是以轻死。夫唯无以生为者，是贤于贵生。

第七十六章

人之生也柔弱，其死也坚强；草木之生也柔脆，

其死也枯槁。故坚强者死之徒，柔弱者生之徒。

shì yǐ bīng qiáng zé bú miè　　mù qiáng zé shé　　qiáng dà chǔ xià　　róu ruò chǔ shàng
是以兵强则不灭，木强则折。强大处下，柔弱处上。

dì qī shí qī zhāng
第七十七章

tiān zhī dào　　　qí yóu zhāng gōng yú　　gāo zhě yì zhī　　xià zhě jǔ zhī
天之道，其犹张弓与？高者抑之，下者举之；

yǒu yú zhě sǔn zhī　　bù zú zhě bǔ zhī　　tiān zhī dào　　sǔn yǒu yú ér bǔ bù zú
有余者损之，不足者补之。天之道，损有余而补不足；

rén zhī dào zé bù rán　　sǔn bù zú yǐ fèng yǒu yú　　shú néng yǒu yú yǐ fèng
人之道则不然，损不足以奉有余。孰能有余以奉

tiān xià　　wéi yǒu dào zhě　　shì yǐ shèng rén wéi ér bù shì　　gōng chéng ér bù chǔ
天下？唯有道者。是以圣人为而不恃，功成而不处。

qí bù yù xiàn xián
其不欲见贤。

dì qī shí bā zhāng
第七十八章

tiān xià mò róu ruò yú shuǐ　　ér gōng jiān qiáng zhě mò zhī néng shèng　　yǐ qí
天下莫柔弱于水，而攻坚强者莫之能胜，以其

wú yǐ yì zhī　　ruò zhī shèng qiáng　　róu zhī shèng gāng　　tiān xià mò bù zhī　　mò néng xíng
无以易之。弱之胜强，柔之胜刚，天下莫不知，莫能行。

shì yǐ shèng rén yún　　　shòu guó zhī gòu　　shì wèi shè jì zhǔ　　shòu guó bù xiáng
是以圣人云："受国之垢，是谓社稷主；受国不祥，

shì wéi tiān xià wáng　　zhèng yán ruò fǎn
是为天下王。"正言若反。

dì qī shí jiǔ zhāng
第七十九章

hé dà yuàn　　bì yǒu yú yuàn　　bào yuàn yǐ dé　　ān kě yǐ wéi shàn
和大怨，必有余怨，报怨以德，安可以为善？

shì yǐ shèng rén zhí zuǒ qì　　ér bù zé yú rén　　yǒu dé sī qì　　wú dé sī chè
是以圣人执左契，而不责于人。有德司契，无德司彻。

159

tiān dào wú qīn　　 cháng yǔ shàn rén
天道无亲，常与善人。

第八十章

xiǎo guó guǎ mín　　 shǐ yǒu shí bó zhī qì　 ér bú yòng　　 shǐ mín zhòng sǐ
小国寡民。使有什伯之器而不用，使民重死

ér　bù yuǎn xǐ　 suī yǒu zhōu yú　 wú suǒ chéng zhī　 suī yǒu jiǎ bīng　 wú suǒ chén zhī
而不远徙。虽有舟舆，无所乘之；虽有甲兵，无所陈之。

shǐ mín fù jié shéng ér yòng zhī　 gān qí shí　 měi qí fú　 ān qí jū　 lè qí sú
使民复结绳而用之。甘其食，美其服，安其居，乐其俗。

lín guó xiāng wàng　 jī quǎn zhī shēng xiāng wén　 mín zhì lǎo sǐ　 bù xiāng wǎng lái
邻国相望，鸡犬之声相闻，民至老死，不相往来。

第八十一章

xìn yán bù měi　 měi yán bù xìn　 shàn zhě bù biàn　 biàn zhě bú shàn
信言不美，美言不信。善者不辩，辩者不善。

zhī zhě bù bó　 bó zhě bù zhī　 shèng rén bù jī　 jì yǐ wéi rén　 jǐ yù yǒu
知者不博，博者不知。圣人不积，既以为人，己愈有；

jì yǐ yǔ rén　 jǐ yù duō　 tiān zhī dào　 lì ér bù hài　 shèng rén zhī dào
既以与人，己愈多。天之道，利而不害；圣人之道，

wéi ér bù zhēng
为而不争。

礼记·大同篇

大道之行也，天下为公。选贤与能，讲信修睦，故人不独亲其亲，不独子其子，使老有所终，壮有所用，幼有所长，鳏寡孤独废疾者皆有所养。男有分，女有归。货恶其弃于地也，不必藏于己；力恶其不出于身也，不必为己。是故谋闭而不兴，盗窃乱贼而不作，故外户而不闭。是谓大同。

礼记·学记

发虑宪，求善良，足以谀闻，不足以动众。

就贤体远，足以动众，未足以化民。君子如欲

化民成俗，其必由学乎！

玉不琢，不成器；人不学，不知道。是故古之王

者建国君民，教学为先。《兑命》曰："念终始典

于学。"其此之谓乎！

虽有嘉肴，弗食，不知其旨也；虽有至道，弗学，

不知其善也。是故学然后知不足，教然后知困。

知不足，然后能自反也；知困，然后能自强也。故曰：

教学相长也。《兑命》曰："学学半。"其此之谓乎！

古之教者，家有塾，党有庠，术有序，国有学。

比年入学，中年考校：一年视离经辨志，三年视

敬业乐群，五年视博习亲师，七年视论学取友，谓之

"小成"。九年知类通达，强立而不反，谓之"大成"。

夫然后足以化民易俗，近者说服而远者怀之，此大学之道也。《记》曰："蛾子时术之。"其此之谓乎！

大学始教，皮弁祭菜，示敬道也。《宵雅》肄三，官其始也。入学鼓箧，孙其业也。夏、楚二物，收其威也。未卜禘不视学，游其志也。时观而弗语，存其心也。幼者听而弗问，学不躐等也。此七者，教之大伦也。《记》曰："凡学，官先事，士先志。"其此之谓乎！

大学之教也，时教必有正业，退息必有居学。不学操缦，不能安弦；不学博依，不能安《诗》；不学杂服，不能安礼；不兴其艺，不能乐学。故君子之于学也，藏焉，修焉，息焉，游焉。夫然，故安其学而亲其师，乐其友而信其道。是以虽离师辅而不反也。《兑命》曰："敬孙务时敏，厥修乃来。"其此之谓乎！

今之教者，呻其佔毕，多其讯言，及于数进，而不顾其安，使人不由其诚，教人不尽其材。

其施之也悖，其求之也拂。夫然，故隐其学而疾其师，苦其难而不知其益也。虽终其业，其去之必速。教之不刑，其此之由乎！

大学之法：禁于未发之谓豫，当其可之谓时，不陵节而施之谓孙，相观而善之谓摩。此四者，教之所由兴也。

发然后禁，则扞格而不胜；时过然后学，则勤苦而难成；杂施而不孙，则坏乱而不修；独学而无友，则孤陋而寡闻；燕朋逆其师；燕辟废其学。此六者，教之所由废也。

君子既知教之所由兴，又知教之所由废，然后可以为人师也。故君子之教喻也，道而弗牵，强而弗抑，开而弗达。道而弗牵则和，强而弗抑则易，开而弗达则思。和、易以思，可谓善喻矣。

学者有四失，教者必知之。人之学也，或失则多，或失则寡，或失则易，或失则止。此四者，心之莫同也。知其心，然后能救其失也。教也者，长善而救其失者也。

善歌者，使人继其声；善教者，使人继其志。

其言也约而达，微而臧，罕譬而喻，可谓继志矣。

君子知至学之难易，而知其美恶，然后能博喻。

能博喻然后能为师，能为师然后能为长，能为长然后能为君，故师也者，所以学为君也。是故择师不可不慎也。《记》曰："三王、四代唯其师。"此之谓乎！

凡学之道，严师为难。师严然后道尊，道尊然后民知敬学。是故君之所不臣于其臣者二：当其为尸，则弗臣也；当其为师，则弗臣也。大学之礼，虽诏于天子，无北面，所以尊师也。

善学者，师逸而功倍，又从而庸之；不善学者，师勤而功半，又从而怨之。善问者，如攻坚木，先其易者，后其节目，及其久也，相说以解；不善问者反此。善待问者，如撞钟，叩之以小者则小鸣，叩之以大

165

者则大鸣，待其从容，然后尽其声；不善答问者反此。

此皆进学之道也。

记问之学，不足以为人师。必也其听语乎！

力不能问，然后语之；语之而不知，虽舍之可也。

良冶之子，必学为裘；良弓之子，必学为箕；

始驾马者反之，车在马前。君子察于此三者，

可以有志于学矣。

古之学者，比物丑类。鼓无当于五声，五声弗得

不和；水无当于五色，五色弗得不章；学无当于五官，

五官弗得不治；师无当于五服，五服弗得不亲。

君子曰："大德不官，大道不器，大信不约，大时

不齐。察于此四者，可以有志于学矣。"

三王之祭川也，皆先河而后海，或源也，或委也。

此之谓务本。

师 说

韩 愈

古之学者必有师。师者，所以传道受业解惑也。人非生而知之者，孰能无惑？惑而不从师，其为惑也，终不解矣。生乎吾前，其闻道也固先乎吾，吾从而师之；生乎吾后，其闻道也亦先乎吾，吾从而师之。吾师道也，夫庸知其年之先后生于吾乎？是故无贵无贱，无长无少，道之所存，师之所存也。

嗟乎！师道之不传也久矣！欲人之无惑也难矣！古之圣人，其出人也远矣，犹且从师而问焉；今之众人，其下圣人也亦远矣，而耻学于师。是故圣益圣，愚益愚。圣人之所以为圣，愚人之所以为愚，其皆出于此乎？爱其子，择师而教之；于其身也，则耻师焉，惑矣。彼童子之师，授之书而习其句读者，非吾所谓传其道解其惑者也。

167

句读之不知，惑之不解，或师焉，或不焉，小学而大遗，吾未见其明也。巫医乐师百工之人，不耻相师。士大夫之族，曰师曰弟子云者，则群聚而笑之。问之，则曰："彼与彼年相若也，道相似也，位卑则足羞，官盛则近谀。"呜呼！师道之不复，可知矣。巫医乐师百工之人，君子不齿，今其智乃反不能及，其可怪也欤！

圣人无常师。孔子师郯子、苌弘、师襄、老聃。郯子之徒，其贤不及孔子。孔子曰：三人行，则必有我师。是故弟子不必不如师，师不必贤于弟子，闻道有先后，术业有专攻，如是而已。

李氏子蟠，年十七，好古文，六艺经传皆通习之，不拘于时，学于余。余嘉其能行古道，作《师说》以贻之。

点点烛光，处处普明

代后记

一个人有幸福的新生，首先是灵魂的觉醒；

一个民族伟大的复兴，首先是文化的复兴。

幸福智慧是文化的核心，国学经典是文化的载体。

天下兴亡，匹夫有责。圆我中国梦，当共襄盛举。

我们决定校订和重印国学经典，服务民族的复兴，为了民众的幸福。于是，汇十二种经典成一部书，对文化的复兴而言，也许微不足道的一点烛光。

但我们坚信，一定会有人因为这一点烛光走出黑暗，一定会有人因为圣贤智慧走出绝望，一定会有人因为国学经典走出迷茫！

烛光多一点，世界就亮一点；经典多一部，正能量便更充足。

那么，一部经典就是一盏光明烛，就能点燃一盏盏心灯；有了这点点"心光"，我们的世界就能处处光明！

心愿既发，行即继之。

本书作为一本普及读本，为确保其系统性，选入《弟子规》《三字经》《百家姓》《千字文》四种蒙学经典，以及《孝经》《论语》《大学》《中庸》和《道德经》等八种国学经典。

为确保本书正确性，避免常见错别字、断句的错讹等，作者认真参考了《十三经注疏》《诸子集成》《圣学根之根》《学庸衍义》《养蒙针度》等十余种公信度高的经典版本进行校正，追本溯源，尽力确保本书的正确可靠性。

辛丑冬月着手，壬寅仲春定稿，从星夜校对、明灯与雪月交光，到午间审核，音声随风竹迎春。其间，为正音字而切磋琢磨、为溯本源而冥心孤诣，以虔诚之心、严谨之行来办这件大事。"经典"一词，重如泰山。经典编校，何敢轻忽！

文化的传承，民族的复兴，世界的大同，需要每一位有良知的中华儿女共同努力。因此，本书在编校过程中得到了诸多爱心人士的指正，所提具体意见，编者认真考虑，择善采纳。

限于学识，管窥蠡测之误在所难免，欢迎广大读者予以批评指正，以便再版完善。

冰雪已消融，新叶笑春风。愿一部部智慧宝典都能成为一颗颗光明的种子，撒在一位位读者的心田里，开出一朵朵幸福之花，装点民族复兴的大美春天！

悟心

壬寅春月于泉城普明书院